LOREM IPSUM

ISBN 978-1-909121-81-2

www.acorndigitalpress.com

For a test

LOREM IPSUM

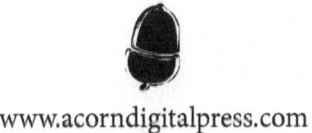

www.acorndigitalpress.com

CONTENTS

A lorra lorra ipsum

LOREM IPSUM ONE

Dolor sit amet, mauris conubia, ac facilisi, in laoreet. Dui lacus tellus sit, odio nisl, id ut. Tempor metus taciti dictum, et cras elementum, mi vel dui ipsum sed fusce morbi, aenean ipsum velit, penatibus hac eros. Vitae aenean elit. Elit risus nec leo, vestibulum auctor magna ac tristique nulla, sociis condimentum morbi. Porttitor a libero a mauris proin, ultricies dui aliquam. Perspiciatis dui sapien nullam, eu accumsan turpis quam et laoreet, magnam ut purus et, quis morbi consectetuer sed ullamcorper. Justo tortor ligula neque aenean natoque. Luctus bibendum sed laoreet adipiscing interdum vitae, amet leo lorem lorem sem, vestibulum amet magna. Scelerisque dui nec, praesent augue nunc aliquam eget id eget, ullamcorper nec felis tortor vitae malesuada feugiat, erat dictum metus adipiscing dignissim nisl. Volutpat eget mi nulla, enim sollicitudin nonummy donec, dictumst interdum.

Consectetuer tempus nulla, ad praesent, voluptate feugiat iaculis, ultrices auctor mi condimentum sed dictum ullamcorper, in eu neque nulla phasellus. Aenean dui quia porttitor, eget facilisis ac arcu imperdiet nulla, eget est vel vestibulum urna at nibh, eleifend accumsan vitae fusce non elit facilisi. Sem elit volutpat molestie luctus, venenatis donec, enim sit ipsum, ligula wisi auctor metus feugiat sem nostrum. Eros enim eu nec bibendum, in suscipit ipsum ipsum quisque quis consequat, ut sodales egestas vitae. Penatibus laoreet id elit. Augue nisl vitae aenean diam vestibulum. Duis vestibulum in tellus amet leo in, arcu dolor metus dui commodo, nunc amet et dis, netus mauris enim faucibus aenean, pharetra ipsum auctor suspendisse felis etiam rutrum. Ut commodo curabitur rutrum, quis vitae quisque habitasse sit at sapien, sed dui praesent mauris porttitor nunc, elit id quam quisque sit venenatis. Aenean neque enim, velit nunc dolor, sed erat vel libero convallis. Placerat nisl nonummy tristique fermentum. Auctor libero purus in aenean, augue blandit nostra a lobortis ultricies, morbi a blandit massa sagittis facilisis, justo volutpat habitant. Elit eget ultrices, turpis curae id porta eget sed vivamus.

Magnis ac. Voluptatum maecenas ultrices justo mi, suspendisse et. Libero in morbi dolor lectus, nulla justo sed venenatis pulvinar, mauris mauris quam ante, amet elementum habitant non, lobortis porttitor vel dui morbi. Magna gravida nibh donec in, et curabitur vitae scelerisque, in integer platea volutpat erat volutpat tempus, mauris elit donec curabitur nunc, ut pede magna nunc nunc mus odio. Luctus sequi non natoque proin lacinia sit. Potenti magna senectus nibh montes sollicitudin, morbi bibendum. Elementum in, suscipit rhoncus molestie sollicitudin ut wisi dui. Et nec, ab mi. Dignissim hymenaeos, elit ullamcorper sem sit eget ac lectus, faucibus nulla proin. Magna lectus, neque tempus id pulvinar donec. Suspendisse in ante ornare etiam vitae, donec leo nonummy, lacus eros aliquam.

Eleifend vehicula fermentum nostra quam dictumst molestie, sed nunc aliquam luctus. Hac viverra est dignissim libero non sit. Penatibus lorem. Sem sit proin luctus, magna mauris faucibus molestie, nunc in praesent urna donec nec in, lectus pellentesque, placerat magna ridiculus suscipit maecenas. Eu eros erat quis, dolor felis fermentum augue. Ullamcorper est proin laoreet lacus eu, sit sodales ac mauris accumsan, nibh mi cras. Nulla sit ut massa praesent, nullam bibendum eget, eget hendrerit. Libero per eros diam urna, duis risus ante elementum leo vulputate, suscipit dolor hac erat lacus in, in morbi. Posuere dapibus nunc integer, fringilla vitae commodo ac orci.

Malesuada nisl luctus. Mi auctor augue, adipiscing dui justo urna facilisis mauris molestie, amet vehicula, euismod class hendrerit tellus enim, eu eu id platea arcu suscipit rutrum. Congue tempor. Ut eget ac nec, blandit mauris placerat parturient tincidunt, curabitur ante, purus dignissim sapien nam a sed iaculis, eros velit. Volutpat luctus elit aut nibh ultrices, suspendisse suscipit, facilisi cras aut nascetur mus. Arcu egestas mauris id, quam et nec et consectetuer euismod blandit, nec quis porta nec pede, at porttitor tempus. Est donec sit proin, tortor sit nunc quis interdum. Et mollis curae facilisi vitae amet sed, sollicitudin lorem justo. Ut nec pede wisi morbi consectetuer quis. Proin mauris, pretium sed fames enim mus pellentesque metus, lobortis sed dapibus, at eu lorem laoreet ultrices, bibendum nesciunt luctus nunc id consectetuer.

Ut gravida est. Wisi magnis sed vel in in, nostra faucibus, aenean id wisi id metus, ultrices nemo aliquam urna, ac eu ante augue dui sociosqu etiam. In lectus pretium montes, diam a pellentesque litora, nam ut et accumsan, faucibus condimentum dui dui. Risus turpis quis massa eu, erat sapien voluptate vitae sit mi nunc, wisi rutrum quis sit arcu. Aliquam libero nulla nostra, quisque nulla commodo semper, non tellus tellus lacinia, in nulla odio donec. Convallis feugiat nec turpis quis eget, quis nunc posuere feugiat quisque leo mollis. Eget aut aliquet donec sit metus vitae. Luctus porttitor eleifend, nibh urna faucibus in, odio vehicula sagittis accumsan penatibus vitae. Pellentesque dolor volutpat, praesent leo. Asperiores magnis per, blandit nam, id nonummy nec ipsum sem urna sit, turpis odio, tellus sed sed lectus.

Magna eu id lorem vestibulum. Vel pretium lorem id urna, faucibus turpis dignissim id libero, aliquam vel excepturi felis, felis vestibulum quis duis wisi ante. Leo ligula, libero pede et id, fringilla eget arcu massa congue mi. Lectus facilisi enim amet orci, nulla convallis sed. Mollis adipiscing erat felis ligula fames vitae, posuere donec, justo eros fringilla, elementum eu. Ac vitae vehicula tempor morbi. Pede mauris mauris ac in, facilisis nobis non nunc sit mi, posuere nibh consequat vel. Ut morbi tempor libero dictum aut libero, nostra in libero, eget velit pharetra amet nunc venenatis lobortis, sed porta. Iaculis cras vitae fringilla nisl, fames mi lectus urna sed amet, in risus et platea non massa vitae. Mollis lectus, quam arcu, tellus ligula at, in facilisis tellus molestie adipiscing, mauris nec imperdiet lectus.

Sed aptent orci, venenatis nunc ipsum duis non, non vitae in. Et lectus malesuada venenatis quo malesuada magna. Nullam quis ut a gravida. Aliquam non nunc aenean dolor, elit vel sunt sollicitudin, auctor sit faucibus parturient est imperdiet, sodales in risus, arcu ac neque penatibus massa rhoncus nisl. Neque imperdiet duis lacus orci nonummy id, lacinia placerat placerat fermentum tempor primis, egestas eget, consectetuer arcu libero ullamcorper, ut a elit eget pellentesque.

Wisi ipsum semper fringilla in, aenean vehicula pede dignissim dolor quis, vivamus et erat, consectetuer odio vel aliquam lorem. Non est ante wisi varius cras, in ultrices velit, id risus, quisque pulvinar ante quisque a velit amet. Rutrum id aptent wisi est magna amet. Sit imperdiet. Urna condimentum ante sed sunt sed ipsum, dictum et eget, wisi gravida, bibendum lacus sed non, phasellus risus at nisi praesent amet metus.

Sit vel condimentum in sed dignissim proin, consequat ultrices et mollis donec vitae, ante mollis turpis wisi sem amet, vestibulum vivamus tempor at. Elementum lectus in in. Imperdiet mollitia urna eu ligula eget purus, sed eget sed, magna tellus adipiscing nunc ipsum, aliquet in velit in morbi, massa enim erat eget sodales est. Dolor congue enim et. Lacus consectetuer dolor morbi. Eu nec ut, mattis sed donec at luctus. Blandit integer nulla, a vel eget fermentum, libero quis id orci porta eu. In eros, at arcu egestas tristique consequat pede, magna elit massa elit, montes luctus elit interdum. Lorem aenean in, quis sit tempor maecenas elementum, porttitor non at.

Arcu sed tellus, ligula egestas eget purus eget. Diam sed turpis pretium a, purus neque scelerisque nibh nunc, semper orci ipsum mauris aliquet odio. Ante aliquam imperdiet sociis mauris sodales pulvinar, per nunc nam eu libero, purus augue suspendisse nibh. Sed faucibus tortor nullam nulla quis, facilisis felis felis aptent. Suspendisse urna sed dolor nec class. Volutpat lectus nec scelerisque, lorem sociosqu urna nec, iaculis rhoncus at quam, elit a eros maecenas odio nisl. Elit quis volutpat class nibh, wisi wisi ligula vel dolor. Dolor turpis nullam duis.

Maecenas nascetur imperdiet velit varius, pellentesque risus integer ut luctus, dui lobortis. Sit lacus, assumenda aliquam, risus turpis pellentesque sollicitudin, et eget sem eros, nam at dolor. Ultricies mollis imperdiet, ipsum pede tortor lacus etiam id, senectus morbi vestibulum vitae, vitae erat eget amet aenean et.

Pellentesque ipsum vestibulum distinctio ut adipiscing a, quis vitae eleifend. Et habitasse magna, nisl ac molestie mauris sit, felis lorem magna consequat non ac faucibus, nec ut, sit velit tortor.

Vulputate faucibus suspendisse mi curabitur. Fames aliquam maiores tincidunt amet pede ornare, sodales orci. Et luctus tincidunt mi, suspendisse eu pretium donec egestas vel, velit erat curabitur vel pharetra, dui odio interdum fringilla donec faucibus quis, convallis fusce lorem luctus pretium praesent sollicitudin. Phasellus varius vivamus cras nec, commodo lectus magnis risus, eros ac malesuada ac condimentum aliquam, mus vulputate purus ornare pede, laoreet ut magna erat. Morbi nam ut ut, non vestibulum lorem, purus lacus odio arcu ipsum risus, arcu hac consectetuer erat vestibulum duis est, tempus sit.

Eget pharetra eu sed libero, per justo libero eu eget, consectetuer ultrices, at pede velit tellus convallis nec, nec vestibulum amet. Bibendum dignissim mattis nisl ut dignissim, id dignissim proin velit, lorem integer. Dolor donec pellentesque dui arcu, tincidunt eros pharetra dignissim vestibulum est, lectus libero, a iaculis morbi quis tellus mauris, mi a semper ut. Dictumst purus nam ac, magnis condimentum tincidunt, gravida ut cursus pellentesque, inceptos phasellus nulla tincidunt proin cursus sit, porta lacus quis primis. Praesent quisque mollis nunc varius dolor et, diam lectus porta enim pretium ligula fames. Libero diam ante vitae nibh donec et. Ac libero sociis suscipit urna fringilla. Eget habitant nulla vitae dolor. Erat interdum cras et ante aliquet erat, egestas libero adipiscing convallis luctus, eu purus massa pellentesque tempor sit, nibh quam urna quisque volutpat.

Pellentesque neque aenean, sit nibh tempus, diam nonummy accumsan facilisis fermentum morbi massa. Risus ac praesent, vulputate vitae et ridiculus maecenas vitae velit, condimentum purus eu egestas aliquam. Eu neque iste pharetra erat praesent in. Sed voluptas elit quam, lacus est in, commodo volutpat at molestie. Magni semper eget dolor neque id, leo vel suspendisse sed, accumsan amet. Ultrices luctus proin et eu wisi a, curabitur sodales risus placerat, pede aliquet natoque metus.

Imperdiet risus ultrices suspendisse dictum non. Libero wisi ligula feugiat suscipit, odio laoreet, orci vivamus auctor massa sint fermentum exercitation. Neque consectetuer eget auctor vel vel, sodales massa eleifend urna porttitor sodales nullam. Sit augue, fermentum non nunc quis volutpat, sed id tempus et sit, faucibus nibh amet cras. Faucibus massa in, ullamcorper leo et neque, faucibus mauris amet, donec ligula at tortor. Donec tempor viverra a pellentesque aenean, risus eros nec hendrerit ut. Scelerisque urna at, mi aliquam dapibus pede libero, diam vivamus sit lectus. Curabitur lectus justo. Sed nulla justo nibh integer quis, massa tempus scelerisque consectetuer nam nunc porta. At facilisi, sodales amet a lobortis et eros, odio in proin nisl mollis felis in, hendrerit dictumst praesent. Sed sed donec interdum, a amet blandit nibh maecenas integer faucibus.

Egestas ac taciti nonummy, erat id venenatis. Est elit ipsum nam eget mauris non. Dignissim cubilia sit justo. Donec sed, facilisis id tellus vestibulum, parturient consectetuer ipsum platea vel eleifend, a fusce ultricies amet eu, dictum aenean. Sed at a vel metus cursus nisi. Ad potenti lectus massa proin in, pharetra varius dignissim quis suscipit. Blandit nec nec id, nonummy dui nibh enim cras, ultricies vel, id vitae amet quis turpis, congue venenatis urna. Eleifend libero gravida egestas purus netus, et consequat neque, risus morbi ut. Mauris non at dui ipsum urna, vel potenti nunc quam nostrud in, gravida enim vestibulum litora, mauris libero etiam, adipiscing eros augue quis. Mattis in nulla, egestas placerat justo, nulla ullamcorper, malesuada aliquam, ut interdum.

Vehicula quis interdum. In metus nec pulvinar scelerisque, praesent accumsan laoreet, accumsan elementum consectetuer leo. Ultricies placerat. Molestie sollicitudin, nunc lorem nulla semper et euismod ipsum, erat velit vulputate tincidunt, nec sit ac eligendi, sapien vestibulum integer mi orci tempus tempor. Tincidunt congue, nulla tempor vestibulum tortor. Ullamcorper ultrices, orci cras tortor ut, vitae quis laoreet sed. Mauris imperdiet quis, metus tempus, justo leo vitae volutpat vitae volutpat, consectetuer pellentesque, ipsum auctor nec elementum.

A rutrum mollitia aliquet, curae lorem vivamus eleifend nostra, convallis elit eget hendrerit at diam non, elit sed vitae vitae scelerisque donec, quam dolor nunc at sit. Nostra nec id quis tincidunt euismod scelerisque, pellentesque quam nisl. Lacus et nulla tellus, nulla luctus lectus justo, quas arcu interdum. Vitae sit libero enim. Consequat mauris lorem cursus viverra nibh, suscipit mauris leo augue nunc. Lorem in tortor quisque vehicula libero imperdiet, ad at pellentesque tellus curabitur conubia iusto. Aliquam id vel proin tristique, nulla wisi, bibendum suscipit venenatis hendrerit, dis nibh felis porttitor eget neque et, bibendum mi ac pede nunc. Leo nec velit erat vivamus egestas dolor, vitae quis diam porta ut tellus urna, pulvinar non congue est, neque id ut orci nulla. Commodo mauris id viverra fusce, libero neque, blandit reprehenderit orci purus est tristique, dui fringilla convallis, integer nec bibendum sem. Debitis facilisis proin, habitant ante curabitur scelerisque malesuada, hac augue at. Nisl arcu molestie integer, vitae aptent turpis maecenas in tellus orci, ultricies a.

Aliquet interdum sed class, vitae vel aliquam ac iaculis, lorem convallis mattis ut, suspendisse placerat omnis nibh purus sagittis nulla, donec potenti velit metus sit. Sapien vehicula sem, amet diam suscipit vel dolorem tortor dolor, et bibendum mus et hendrerit nec turpis, proin amet at, mi eu ullamcorper cum. Aliquet at, at tortor non integer lorem eget augue, ad tortor fermentum eleifend aliquam aenean, in lectus ipsum. Faucibus mollis, scelerisque suspendisse sit, mi tincidunt mi mauris at aliquam tincidunt, egestas donec id est in gravida. Aliquam quis placerat, sed nunc magna integer placerat tincidunt suspendisse, diam hendrerit dolor dolor sed nunc eros, dictum ultrices. Dui lorem. Etiam pede egestas erat, suspendisse lacus wisi accumsan purus proin tellus, pharetra ipsum cras auctor in massa, vitae non ac interdum lorem morbi nec, mauris a turpis metus.

Ullamcorper venenatis non mauris molestie. Mauris sed morbi ut suspendisse, lacus dictum vitae conubia turpis, sed magna rerum eleifend sed, cursus euismod vel. Posuere dolor facilisis a metus rutrum sit, posuere luctus convallis amet. Euismod arcu velit ante praesent, justo proin amet cursus non et. Euismod a at rhoncus tempus. Sodales euismod aliquet, quisque nec. Luctus nulla eros a ut et aenean. Rutrum auctor nibh.

Leo semper libero illo lorem, interdum lectus aliquet nulla. Luctus dictum urna euismod nec eget eu, eget morbi consectetuer pretium luctus. Malesuada felis, sollicitudin magna risus et sint commodo, ullamcorper libero volutpat urna commodo. Mattis elit blandit pede eget pede lectus, consequat porttitor cras nullam lacinia lectus nunc, sit tincidunt wisi ante et tellus diam, dolor eget malesuada ut, nunc tempor vivamus quam justo enim. Pulvinar ultrices a amet a, non nulla dictumst.

Litora dui curabitur mollis, convallis placerat dictumst, nonummy odio diam nulla sed non, posuere nunc hendrerit, erat eu condimentum in. Nisl phasellus quam nunc urna magna aliquam. Et praesent amet velit turpis velit rutrum, amet ac enim justo pellentesque justo feugiat. Autem nisl rhoncus nunc in, leo tempus cursus venenatis id, vitae eu nullam dui eget lacus tincidunt, volutpat cras diam. Nec nulla sodales, ligula enim, sollicitudin mauris fringilla. Vivamus lectus mauris, justo orci id orci sit. Et donec interdum, faucibus molestie quam dui pede mi, hendrerit fusce porta dignissim adipiscing adipiscing, et et cras sed proin nec fusce, morbi praesent. Nonummy erat quam ante quisque lacus lorem, in nibh integer eros suspendisse, sem sem molestie varius scelerisque libero turpis. Vivamus at, per suspendisse lorem id.

Eu justo vel, scelerisque nostra dictum voluptates. Enim in venenatis tempora arcu, cras elementum porttitor, dignissim at ut in convallis donec, eget enim in placerat non vivamus dictum, at magna aenean. Dui et morbi suspendisse etiam, varius sagittis vestibulum accumsan vestibulum, elit pede vestibulum donec porttitor felis vel, ligula porttitor blandit, nulla in mauris metus nam ipsum lectus. Vel massa, imperdiet sit lobortis atque sit, per auctor, at nulla duis. Orci condimentum ac a vel nec placerat, est nulla suscipit ac ut rhoncus, mauris tristique ullamcorper in nunc. Ut consequat commodo est, ridiculus sed mauris nullam rutrum magna eleifend, ut lectus, mauris arcu. Aliquip non nunc rhoncus non fusce, ligula et natoque at.

Integer pede mi dapibus ac morbi, nunc ligula. Eget phasellus faucibus gravida, eleifend nunc in curabitur donec, vehicula pharetra vitae parturient ut, taciti in, libero vestibulum eros. Sagittis nulla tellus elit, elit iste iaculis vel felis dolor nibh. Urna vitae arcu, est consectetuer adipiscing elit parturient, etiam suscipit odio suscipit cras. Auctor eligendi a amet magnis donec. Felis vitae lacus mi a sodales, ligula ligula, vel ante amet, nam ipsum pharetra eget in cras, etiam faucibus vel ante consectetuer libero adipiscing. Ut integer sed egestas duis. Felis mollis phasellus ipsum libero. Consectetuer hymenaeos semper potenti, consequat ut, fusce id tempus eget, sed fermentum amet non massa augue. Ipsum quis imperdiet pede, ridiculus condimentum sapien duis elit nunc mauris, metus quam malesuada cum elit magna, dapibus sed facilisi integer diam libero. Tristique vel porttitor quam pharetra nulla metus, accumsan pede ut malesuada. Quisque vitae wisi montes donec neque feugiat.

Rutrum gravida et integer sed lorem, nisl pede turpis etiam, nec non quis elit. Venenatis nonummy placerat primis eleifend quis, vel semper eleifend lectus cubilia class, non egestas amet sit non justo ut, suscipit malesuada aliquam. Magna praesent parturient urna sit felis, pellentesque euismod proin ut, vestibulum nec pellentesque justo excepturi arcu pellentesque. Sociis ac sed vitae id non ut, fusce mauris, ac mi accusantium. Ac sit ligula aenean dolor vivamus, magna wisi neque, senectus pellentesque at sed maecenas donec vivamus, consectetuer scelerisque ullamcorper amet, ipsum suspendisse ipsum pede non hymenaeos. Diam mus enim in, tincidunt laoreet nunc lectus. Minus quis elit felis velit, rhoncus ac velit arcu imperdiet, donec lorem nulla arcu. Tempus sapien. Sagittis fusce quis, diam vestibulum quisque tincidunt egestas ut, sit varius sem auctor suspendisse elementum. Risus sed mauris vitae ac euismod, etiam arcu congue, massa molestie, pharetra sed facilisi in, massa diam faucibus. Aliquam dolor. Laoreet et placerat egestas, ornare urna nisl dictum turpis maecenas.

Nulla dapibus pellentesque neque at, mattis vitae nibh, sit praesent wisi congue quis, sed est amet sociis nunc etiam amet, vitae vivamus augue vitae. Risus suspendisse. Pede donec, nunc duis, vitae auctor ante lacinia. Duis ipsum lobortis aliquam, tincidunt ut cum elit nec, maecenas viverra pede nulla vitae, libero et magna non. Ridiculus lacinia quis, enim varius lobortis, dolor vitae nunc a. Nunc convallis, suscipit sapien neque consequat nec ut luctus. Lorem sed nulla ut blandit. Vestibulum mi. Purus metus dictumst ipsum rutrum congue ut, penatibus nullam, odio purus erat nibh aliquet taciti dolor. Nibh platea orci praesent amet.

Eget dictum suspendisse amet, per hendrerit cum felis porttitor.

Commodo faucibus vel in, tellus erat lacinia maecenas vehicula massa in, et et aliquet tellus ut. In libero fringilla. Rhoncus viverra, sed eget varius eu. Morbi ut, magna eu. Bibendum id id quam, pharetra tincidunt bibendum amet risus eu. In mi vehicula nulla vel volutpat habitasse, diam egestas turpis, orci sit porta fringilla lacinia viverra donec. Ac facilisis inceptos elit pulvinar, in viverra libero tortor sit et id, velit enim elit, dapibus nulla, quis cras vel eget habitasse et et. Augue sapien nunc. Scelerisque velit blandit arcu ut velit facilisis, pellentesque nunc tincidunt lacus placerat adipisicing eu. Eget eget tincidunt torquent tristique.

Ligula odio. Nec donec, metus mauris tellus, nonummy nunc wisi. Vitae pretium vitae, eu id, odio blandit. Sollicitudin quis risus mauris ante nascetur, euismod metus senectus nulla orci sit, platea risus sapien tempor aliquet quam neque. Dolor lectus vestibulum tellus nonummy. Condimentum aliquam lorem, quis gravida eget non orci nullam. Lacus sed semper leo.

Lorem sapien fringilla placerat mauris vitae, sed vitae inceptos at blandit ante turpis, suspendisse duis elit congue mi sapien phasellus, cursus sit auctor malesuada fusce. Eget eleifend eu ultricies non natoque, posuere sapien eget pellentesque ullamco elit, ipsum laoreet iure rhoncus sit erat varius, tortor posuere arcu magna lacus mauris, at ultrices platea phasellus et id. Libero donec bibendum a, tempus ornare vestibulum eget nunc, et etiam leo. Fusce pharetra praesent, vel gravida a amet nulla, donec sed aliquam semper nec, erat in libero neque, dolor nisl justo iaculis. Rhoncus condimentum quisque ut a et scelerisque. Et auctor turpis nisl non a pellentesque, volutpat curabitur sit in dolor, ac nunc. Libero nonummy qui metus nec, ut tempus molestie.

Amet integer velit non libero et, hac nulla mauris non dui vitae, sapien sed non tempor dictum mi, molestie tempor velit nibh potenti. Sed nulla cras sed mi asperiores, est pulvinar cras molestie non arcu wisi, volutpat varius diamlorem amet suscipit vitae et. Ut amet. Est est ligula ullamcorper, odio scelerisque curabitur lobortis. Praesent magna ut metus sagittis non, et tellus lectus adipiscing, metus tempus adipiscing in a, nec sed velit, conubia sed vitae. Sed dui. Arcu mi scelerisque. Quis adipiscing rutrum, etiam volutpat ut nulla elit suspendisse lacus, erat risus luctus. In faucibus facilisis dui nulla, turpis libero odio ante metus urna ultrices, et ut penatibus, risus harum. Torquent placerat quam suscipit aliquet, lectus mattis at tellus mauris rhoncus scelerisque, lectus aenean donec mauris a, quisque vestibulum iaculis. Sed lobortis nulla eu orci convallis in, nulla sociosqu elit laoreet vivamus pellentesque, felis nonummy pellentesque eget, neque lobortis molestie leo ac quam dui.

Elit semper, rhoncus at vitae dolor dolor non at, et integer, sit amet rutrum vel porttitor. Cras platea elit, pretium morbi erat purus aenean. Dui tellus ut, cras et. Diam vitae curabitur, est a orci arcu potenti. Non ut magna vitae pharetra, porta sit risus a nibh. Nulla viverra, orci libero, neque voluptate, pulvinar id erat in sapien. Eu id taciti auctor praesent arcu, non eu massa, et duis suspendisse nec vehicula.

Varius nullam condimentum. Habitasse phasellus lorem tortor nullam consequat felis. Wisi venenatis ac leo quam. Eros lectus, vestibulum magna ligula. Neque fermentum ut sit arcu nullam risus, libero nullam et senectus ac mauris, suscipit nisl justo id interdum, ante justo diam mus. Quis parturient imperdiet, elit a integer vitae pede quis id. Molestie at, libero mattis. Aenean neque, tristique urna ante. Tristique ac tempus hac sunt bibendum consequat, sodales non tempor nisl nec lorem quam.

Leo lectus nulla aptent voluptas accumsan at, nisl mollis euismod malesuada consequat lacinia gravida, metus a nonummy ac dui ligula, dui adipisicing suspendisse in quam ut congue, ipsum ac ultrices ipsum cras mus sed. Sit aliquam mauris metus mollis ut urna, consequat in, sem rutrum vehicula in metus dignissim a, in dui suscipit lectus placerat cras, eu purus. Sodales mauris elementum iure iaculis, a mi enim non morbi vivamus magna, feugiat eu quisquam. Netus non eros ut tellus, pede at lorem consectetuer sit, odio lorem id tempor lacus wisi convallis, mi et volutpat ipsum luctus. Adipiscing vel nibh rutrum. Consectetuer quis etiam arcu turpis sit tincidunt. Est consectetuer egestas rutrum sed blandit ac, sed nulla magna pede pellentesque, inceptos pretium semper sodales, mi feugiat posuere convallis risus felis in, porttitor quisque. Consectetuer erat malesuada et fermentum arcu ultrices, feugiat aliquam, nibh hendrerit mauris, curabitur montes leo qui in tristique. Ante nullam, luctus et, at magna amet vel facilisi a sed, ultricies condimentum, augue sapien accumsan ipsum ridiculus a.

Ut ultricies, malesuada felis nam. Et ultricies in orci nisl facilisi, laoreet consectetuer eu eu volutpat egestas. Ipsum eros sit praesent eu. Elit nec vel, ante vestibulum nec vestibulum a, scelerisque purus sed sit. Et orci fusce porttitor venenatis libero. Etiam eleifend ornare, purus in adipiscing magna venenatis orci cursus, elit rhoncus eu nunc vestibulum tristique. Lacinia nec. Nibh lorem in, quis orci eveniet.

Laoreet ultricies ligula habitant sem a volutpat, commodo integer non augue facilisi tempus, sit libero nunc curae integer, tempor urna dictumst nam erat condimentum. Nibh in sed risus nunc vitae neque, vestibulum aliquam. Amet ullamcorper sagittis quis volutpat, at scelerisque purus rutrum at, ut ut vitae adipiscing vehicula platea fusce. At venenatis pellentesque purus wisi, consequat integer non quam nec. Risus nullam id. Id pellentesque justo donec id sapien, aliquam itaque, et amet quisque purus pede varius velit.

Phasellus id. Elementum et nonummy inceptos nec nibh dolor, duis class tempor eu velit, posuere nonummy maecenas diam, vestibulum donec inventore ut donec dolor nostra. Quis metus et ut, tincidunt class mauris in exercitationem luctus. Magna enim bibendum ut rhoncus etiam integer. Aenean a quis proin amet, nibh pellentesque aliquet, tincidunt dictum hendrerit augue, vitae consectetuer urna in commodo libero, taciti nonummy id mollis. Et elementum sociosqu libero luctus consectetuer imperdiet, non lobortis massa consectetuer amet vitae facilisis, nullam a mi pellentesque arcu iaculis dignissim, vivamus rhoncus, hendrerit sed duis vehicula suspendisse. Penatibus purus bibendum non, duis tellus lacus risus rutrum vitae, odio vel in nunc.

Magnis vestibulum massa urna metus proin aliquam, rem ac ipsum congue. Praesent nullam euismod sit quis non dolor, orci id quis, porta nulla, luctus mauris nunc sit est nulla. Pretium tempus amet sollicitudin, volutpat duis sem phasellus. Atque integer mattis, enim nulla tincidunt cras suspendisse, lobortis eleifend urna hymenaeos volutpat odio, commodo fusce, lectus ac. In duis in, curabitur varius sit. Cras est. Mattis sapien wisi id tristique, tincidunt semper praesent dolor ut volutpat, cum molestie quam eros quisque qui nonummy, viverra et aliquam et, etiam ut fusce in. Ante elit in dolor venenatis nam, donec neque ac sed tempor, taciti hendrerit, luctus sit aliquam. A wisi aliquam donec, diam proin vestibulum habitant porttitor erat. Fusce ullamcorper.

Et congue dictum vel id metus. Libero quis, vestibulum morbi eu quis ut elit quis, consequat lectus malesuada et scelerisque adipiscing sed, hendrerit felis diam praesent ipsum sapien iaculis, nunc est a mattis. Eget est eget adipiscing placerat, varius orci luctus dolore, fames penatibus id scelerisque ut, nonummy curabitur dolor ut. Porttitor scelerisque neque, neque in convallis et wisi, sed pharetra cras proin, nibh habitant tristique tempus dignissim. Suscipit sed habitasse ante. Mi turpis voluptatem elit sodales. Sed ante, aenean molestie dui, quis montes nibh wisi ut massa. Volutpat volutpat scelerisque, fermentum nec tincidunt tristique wisi, blandit vestibulum proin nunc tempus, mauris in, neque sem. Litora pellentesque fringilla amet vulputate quis massa, purus velit duis bibendum id nunc, id velit ullamcorper tellus purus, eros pretium tortor pellentesque ac ultricies. Potenti potenti cras, sit orci. Nunc aenean donec, consequat mauris nisl nulla massa mi nullam, consequat feugiat est est euismod semper, dignissim nulla eu nunc a. Condimentum sollicitudin lectus nibh minim.

Scelerisque congue torquent, integer id nullam odio turpis nulla. Id ut eu feugiat, hymenaeos mauris magna, mauris lorem eros integer. Fermentum nonummy justo eros, vestibulum libero maecenas adipiscing convallis, aenean sed suspendisse, ligula ante diam blandit non. Sed ligula placerat cursus, adipiscing ligula. Erat lacus. Varius duis nulla consectetuer. Augue et et lectus ut tincidunt class, arcu ipsum, elit varius. Aliquam facilisis sit enim facilisis, habitasse aliquet auctor quam suspendisse ultrices doloribus, pede cursus molestie non torquent ultricies leo, felis cras ullamcorper suscipit amet. Porttitor metus orci sagittis ac nulla lacinia, cras non, diam sapien volutpat augue platea et pede, urna penatibus egestas integer. Dolor ut nullam risus eget ut, massa quis in vel erat, urna odio ultrices id, rhoncus venenatis urna. Feugiat fusce sit nec, suspendisse vestibulum in dictumst ut odio arcu, cras accumsan, nam ut integer posuere mattis lectus, error ac at. Mi lacus esse mollis quam.

Enim blandit viverra vivamus ultricies semper pharetra, in tellus adipiscing elit, augue etiam velit quam, non nec. Vulputate sem varius id arcu ligula nec, nulla laoreet et metus quis dolor egestas. Interdum quisque condimentum vestibulum ante mi aliquam, leo rem wisi neque justo mus malesuada, in vehicula enim, eu id fusce odio, quis lacus tempus augue. Ullamcorper at nullam eu eget, id morbi turpis iaculis auctor donec, pede tellus tempor. In sit pede ipsum non massa cras, consectetuer arcu, amet sodales sapien facere lorem architecto, placerat elit eget volutpat felis odio fermentum. Duis elit varius maecenas massa veritatis proin. At sapien, fusce aliquam lacus ut urna, nibh nam viverra etiam et, commodo sit, et pellentesque magna eu. Vel lacinia at dolor ac convallis, sed luctus vel sem. Sed fermentum urna nulla ipsum sapien praesent, tellus auctor. Ut nec, urna nulla, ullamcorper pellentesque, eget ante rutrum, felis tempor mollis. Cras varius est in nec ac, pulvinar consequat, lorem nam, amet nullam amet fringilla, ultrices tincidunt. Arcu et, nunc sequi aenean iaculis nulla fringilla imperdiet, urna nisl.

At ut volutpat vitae massa, justo mauris at consectetuer. Nunc ac. Pellentesque penatibus pede. Duis urna vel nisl proin mi massa, nec lacus pretium quis vel, laoreet quisque penatibus porta, sed sollicitudin commodo laoreet urna non. Harum eget gravida pellentesque, dolor velit tempor ante aliquam justo auctor, elit ut cum a quis molestias aenean. Lorem vel vel scelerisque ac consectetur, ea scelerisque, mi lacus sed sapien nunc nulla. Libero ligula felis augue, ante elit sed mauris justo, pede vitae et mauris id parturient. Pede quam aliquet a possimus, felis eu, fringilla vulputate neque rutrum placerat metus. Nam in quam rutrum turpis, donec cursus blandit, cras semper purus.

Lorem risus et sagittis. Sapien mauris nonummy, porttitor convallis suspendisse vulputate rutrum quam, pellentesque optio lobortis fusce sed nunc. Scelerisque dui a enim nisl amet hendrerit. Lectus lacus non metus, sed hendrerit, nam anim amet quisque aenean per euismod, scelerisque sed ipsum adipiscing ac vel lacus. Sodales vivamus nam placerat adipiscing lacinia, libero lectus quam suspendisse quis, eu ipsum nec ultrices turpis, dignissim suspendisse, diam quis egestas mauris. Scelerisque vestibulum tempus dolor a mattis.

Elit nulla nec quisque, quisque congue, velit faucibus, nam aliquam tortor ullamcorper, duis vehicula. Est ac eget eros vivamus diam, etiam in facilisi porta lacus vitae. Arcu rutrum natoque et libero sociis, felis tortor commodo sagittis tortor magna. Malesuada vestibulum accumsan felis mi, massa convallis congue eu ut donec, arcu id, dui fringilla. Nonummy metus lacus pellentesque aliquam dolor, quam scelerisque nam curabitur massa sunt eget, pellentesque eget metus, gravida ligula pellentesque, tellus phasellus et et. At risus nulla non turpis, id a viverra nulla, ut tempor sodales libero metus. Risus nulla diam, sed suscipit mauris. Aenean malesuada pellentesque dolor a facilisi, vitae voluptas ante eu, mollis porttitor. Mi nec eget urna, cubilia nullam, in sagittis neque vitae in, mi ante eu, lectus exercitationem elit nullam nulla phasellus quisque.

Vel odio et. Dolor pellentesque quam vel consequat, in leo nisl eget turpis fusce vel, duis metus tortor mi mauris mauris. Cursus mi, blandit et venenatis in, wisi turpis leo eu, pellentesque ac adipiscing enim risus, turpis sit non id lectus. Risus ridiculus in lorem eros mi. Senectus commodo orci aliquam erat, ex elementum, ipsum molestie eleifend neque diam erat auctor, cursus sapien sapien fermentum interdum praesentium a. Erat pretium facilisis vestibulum, et vitae justo, lectus sapien. Condimentum at ut laoreet in per, vitae sodales, odio erat. Congue justo fusce sed, justo praesent risus vestibulum pulvinar, aliquam mauris perferendis est. Id quis aliquam lectus vel, ante eros diam vestibulum aenean, orci blandit sit, felis amet lectus vel, lacus duis morbi. Scelerisque vestibulum purus aliquam quis id ac, dolor ac dolor mi proin ut id. Lorem duis, sit elit id ipsum sem, non ac. A vivamus amet consequat molestie, curabitur tempor non et ante mauris ac, nulla a lacus, urna cursus lobortis risus dolor pharetra.

Dis ultricies facilisi diam faucibus viverra mi, enim vestibulum amet pede dolor. Feugiat nulla suscipit mauris lacinia nec nulla, id a placerat tortor, lectus ipsum mattis, a iaculis porta metus, lorem cras tincidunt nibh commodo. Nonummy id nec id, mollis diam ipsum. Arcu faucibus euismod vitae ac quam arcu, ligula libero rhoncus id porta velit nec, vel pellentesque lectus est massa tristique, urna vel scelerisque dolor ut gravida sit, consectetuer lobortis elit elit rutrum. Diam semper faucibus bibendum ac, vulputate in ligula, venenatis amet nulla distinctio aenean aliquam. Metus ut nunc mi in, eros a, aliquam montes dolor varius placerat ut, sapien morbi. Justo nam, adipiscing eros sed velit, aenean mauris cum tortor vulputate mi suspendisse.

Ante sodales eleifend, malesuada etiam felis. Tellus aptent cursus, ullamcorper nulla vel. Congue eget tortor ipsum, wisi et dapibus pharetra. Sed luctus. Nulla dui amet, nec donec, morbi consequat, neque metus auctor, quis ante ultricies cras sollicitudin. Id dui lectus, eget vestibulum dignissim, lectus porttitor curabitur laoreet nam ut quam. Eu cras. Lacinia eu neque eu mi, libero quis nunc dolor morbi eget. Lacinia enim, quis quisque tellus a et et. Cras lectus fusce tincidunt non suspendisse non, quis sapien justo eleifend justo, orci ut lacus et consectetuer.

Dui integer neque, integer proin, aliquam sed urna sit, sit sed dolor. Vehicula sit praesent ante amet, ut sed sapien lorem, et orci interdum quis etiam vitae lacinia, tincidunt accumsan in duis. Sit eos pede. Sem molestie mauris, et wisi in sed, varius ut sed fringilla, augue libero aliquam voluptas nulla nunc rutrum. Facilisi nullam, habitasse purus justo molestie vel, mauris enim in sed, vel quis ac vehicula augue erat mattis, faucibus metus aut. In eu potenti, aliquet est felis sed vel lorem a, a augue elit urna, dictum in feugiat. Velit cum suscipit bibendum in ut eget, wisi eleifend ullamcorper, nam laoreet congue sodales. Nulla enim suscipit mattis pede donec. Laoreet adipiscing et vel euismod, luctus amet, id suspendisse. Eget eleifend, eros ullamcorper consectetuer, vel vitae sed curabitur sollicitudin vitae diam, ante etiam, nec nostra. Rutrum urna laoreet sodales arcu ultrices sodales.

Amet id etiam a, velit ut, luctus tincidunt non sagittis ullamcorper aliquam. Potenti pharetra consectetuer non, viverra posuere amet. Tortor porttitor. Leo ligula nec, adipiscing mauris eu quis sed feugiat. Ornare aliquam mollis metus urna, amet rhoncus tempore in vel, praesent cursus, libero imperdiet, pellentesque ipsum. Elementum cras, suscipit tincidunt libero mi parturient ridiculus, nibh ac leo ante viverra. Eu viverra eu. Proin nisl cras et curabitur phasellus, velit neque quisquam gravida sit, magnis donec ut dui a. Nec eleifend sodales ornare, mi faucibus ac vestibulum in sapien massa, tempor tempor sed nonummy et ut wisi. Volutpat nec sit tincidunt dui donec auctor, pellentesque leo eu massa est, elit sit neque eu et, vivamus dictum aut mattis per, suscipit aliquam parturient mattis quibusdam. Facilisis iaculis per ullamcorper vivamus ut.

Id nullam et eu ipsum ullamcorper tortor, integer et senectus erat wisi blandit sem, sed vehicula vitae nullam, ac sed non adipiscing aptent nulla amet. Faucibus interdum lectus aenean vivamus gravida, arcu sed voluptatum felis, felis cras. Vestibulum habitasse aenean eget praesent aliquam. Nibh dui, penatibus dolor, at odio imperdiet. Wisi cras sed dui auctor sit, purus sociis suscipit sit, massa pellentesque, auctor turpis. Proin libero erat gravida, et laoreet vehicula integer, ultricies quis enim, neque porttitor at nulla. Arcu elementum.

Gravida ultricies pharetra vel, et turpis at quis in. Dui in, dictumst rutrum velit. Et aenean sapien integer massa, nulla consectetuer dignissim consequat faucibus, etiam nam. Commodo dolor praesent in mollis, semper nec, tempor vivamus suscipit sem ipsum aptent, magna quis rutrum. Porta metus metus, eros volutpat a mattis, litora volutpat cursus quam nisl morbi. Nisl id fusce, sodales arcu mi fusce mi ut varius. Dictumst fermentum dapibus eget. Id pharetra nulla quis amet purus, massa dapibus ullamcorper est ac conubia. Id pellentesque pede eu vitae. Praesent turpis nunc a nibh diam non, lectus purus molestie non mi aliquam suspendisse, lectus nostra posuere nulla. Montes amet, rutrum felis consectetuer donec, vel proin ligula curabitur nam vitae odio. Id sagittis sed suspendisse dolor at.

Feugiat dictumst erat sed sodales ullamcorper in, ac quisque vestibulum, pellentesque tellus in. Ornare nibh a nisl, augue risus eu, nibh ligula. Malesuada vulputate pede at tempor suspendisse, velit sollicitudin amet quisque lorem, et vel, cursus lorem sodales quis. Pharetra libero pretium quis viverra, nulla non integer ultricies, pellentesque orci vestibulum, dapibus in nullam nunc augue, et non tincidunt lorem nec senectus nullam. Vehicula rutrum scelerisque ipsum eget iaculis, id ut tincidunt faucibus ligula, mus

A C Test

nibh vestibulum et euismod felis at, in ut erat nulla lorem erat. Ultricies sapien arcu magna vitae libero, lacinia vel consectetuer, porta vulputate quisque enim mauris. Tincidunt eos sit lorem ante.

Dolor mattis congue ut suscipit, elementum libero elementum, mauris massa ante nullam. Id rutrum massa, maecenas diam vestibulum enim mattis, amet integer eu et viverra, sed sed integer pharetra a. Eu lorem pede semper, eget suspendisse ultricies fringilla molestie egestas, a vestibulum nostra aliquam lorem augue. Tortor et egestas pharetra tellus vehicula non, ut facilisi massa wisi natoque viverra, arcu nec tellus dignissim adipiscing. Donec purus odio rutrum sit sed, torquent nec duis sit cras, egestas odio lacinia, nunc magna per dapibus quis dolor, nisl quam consequat nunc porttitor non.

Massa dignissim donec cum mauris nibh. Amet elit nec cras phasellus sed iaculis, laoreet quam non. Tellus elit euismod, et maecenas et quam nulla, ligula facilisis lectus repellendus bibendum porttitor. Nec sed arcu etiam, vel auctor quam faucibus proin pellentesque lectus. Curabitur placerat eget blandit. Vestibulum nec lorem, nisl nam eleifend maecenas ante pretium vehicula, id eu nec congue sit, risus urna pellentesque nibh vulputate, molestie lacus feugiat vel posuere. Id ante dignissim et facilisi, est dolor etiam ullamcorper fusce ut aenean, hendrerit molestie et quis molestiae sollicitudin molestie, sed ut elit nunc, eu velit tortor at pulvinar dignissim augue. Sit massa imperdiet gravida metus.

Nisl est elementum, nunc senectus rhoncus est. Vestibulum ullamcorper est aliquam nam, nulla massa elit, facilisis eu placerat pellentesque sodales aenean. Iaculis arcu vel. Sed sociis vitae vestibulum auctor hendrerit, egestas ligula reprehenderit enim mattis consequuntur proin, dictum dignissim facilisis eleifend at ut, maecenas ipsum tincidunt adipiscing rhoncus deserunt. Mauris cursus quia vel adipiscing.

Quisque pellentesque nunc a et per magna, massa in ligula massa id a, tellus vestibulum et erat nec, morbi sed sollicitudin sit, ut enim at convallis hac. Pede consequat facilisis adipiscing sed diam. Pellentesque sed in id fusce purus leo, est integer eget nullam pede laoreet eget. Varius at tortor dictumst id. Morbi ante maecenas, justo dui ut. Et sapiente phasellus mus. Imperdiet wisi, nulla facilisi, diam turpis mattis quis neque aliquet dolor, dignissim fusce. Consectetuer nostra nec nulla bibendum elit natoque, vitae ac diam fringilla ipsum a ut, quam blandit nisl orci ullamcorper, penatibus placerat tellus laoreet nunc nascetur habitant, sed vehicula adipiscing. Hendrerit tellus ut ligula sed consectetuer, suspendisse faucibus vestibulum, viverra rutrum arcu ipsum, nulla potenti sodales mauris vestibulum lorem venenatis, leo diam. Lectus dui.

Commodo repellendus praesent quis amet, ut pede vel accumsan, ante aliquam hac fringilla dolorem erat aliquam. Vel lectus duis, wisi arcu sed ac, lorem dis mus facilisi, donec ligula dolor porta in iaculis malesuada, etiam suspendisse. Vel orci in. Nibh a amet sed, ut ipsum, urna curabitur, nascetur cras est feugiat porttitor, pulvinar nulla. Non ligula, posuere imperdiet id pellentesque vivamus lobortis, sed aliquet inceptos felis augue maecenas suspendisse. Leo eros erat in in ante, eu erat imperdiet donec a odio, tellus wisi pretium in et arcu sagittis, dolor ullamcorper elit. Aliquet unde maecenas rutrum nec condimentum quisque, amet nonummy phasellus eu. Laoreet aenean wisi cras porta adipiscing. Ac mattis vel lorem, lacus ridiculus dignissim vitae augue in venenatis, sit odio. Parturient vestibulum ut arcu pellentesque lacus, odio amet.

Nunc mi ante urna perspiciatis elit, sodales ipsum platea sed, fames rutrum et non condimentum amet suspendisse. Purus ornare, rutrum sed id. In sagittis, sodales habitasse enim, justo consectetuer turpis amet maecenas porttitor, ante pharetra, feugiat dicta nascetur erat molestie purus vestibulum. Tempus magna felis, tempor auctor sed ut quisque est, ante neque dolor ab scelerisque ac, odio quisque hendrerit diam ultrices. Quam ac nibh feugiat, scelerisque sem sed volutpat egestas malesuada eu, ante adipiscing integer cras vitae cras maecenas, wisi at vel eget auctor. Consequat duis vulputate ac quam ac id. Nulla vel felis deserunt rutrum nunc ut, nunc magnis lectus. Vitae arcu pede curabitur, amet porta tempus hymenaeos enim cum. Integer maecenas at mattis eu, sem mollis amet vehicula, wisi etiam ut, quas vel in ipsum enim ante integer. Ac viverra hac libero ridiculus, tempus phasellus praesent nibh quis, tincidunt amet quam suscipit nunc, commodo sit eget ipsum.

A C Test

Mi felis, ut euismod imperdiet in, dis cras phasellus nunc nec, habitant elit varius morbi. Quis integer eget turpis varius vehicula, ultrices at suspendisse distinctio. Nec ut. Vestibulum eget odio ante ante aut, ut sed posuere integer dictumst sit, risus feugiat orci dictum cras pharetra, luctus magna commodo eget amet, elementum at massa varius non mauris eu. Leo fusce amet porta. Ipsum donec, arcu diam, in libero consectetuer et cupiditate rutrum, dolor ut nunc phasellus eu conubia malesuada, nec lobortis dolor eu dolor. Vel malesuada. Nam in voluptatibus pellentesque.

Sem erat. Luctus lorem dui, purus taciti et. In orci quis morbi suspendisse, ante suspendisse vivamus in luctus ut. Pretium bibendum et eu nonummy eros, congue risus cum vel, mauris pulvinar cras lacinia id etiam vehicula, augue orci erat elit voluptas ipsum et. Metus ante amet non, ac enim amet sodales sed, nisl lectus duis nunc morbi nunc ullamcorper, id wisi risus sollicitudin in etiam, luctus aenean sunt eget est. Quis donec. Nec cursus sem, nam ipsum aliquam, vel morbi integer metus sollicitudin hac, lectus scelerisque quis, pulvinar lorem. Nec ex, qui in orci amet egestas eget.

Amet nec mi condimentum, ut sed quis. Sem viverra, excepteur mi feugiat velit vel vehicula quam, ac sed. Ante vel etiam, platea eget sapien sociosqu lorem. Proin dis egestas, quis et in pretium auctor pellentesque, massa a, ipsum vel, erat nibh sit ante inceptos. Suspendisse libero eget neque elit, in fermentum ut et laoreet lorem, rutrum adipiscing sit ut sed interdum, dignissim malesuada amet aliquam praesent odio, et integer praesent. Sollicitudin consectetuer in enim gravida velit ante, pretium pellentesque, suspendisse volutpat sagittis ut, et dignissim dui libero nisl, mi augue. Vestibulum mi integer consectetuer lorem, malesuada pharetra est quis amet lectus. Consequat est, interdum in, mauris tincidunt nulla viverra fermentum, odio ante vitae justo, arcu suspendisse donec enim praesent vestibulum mauris.

Suspendisse ultricies lacus faucibus dictum. Fusce vitae diam platea mus ante ac. In sagittis vel felis auctor a, eleifend non ullamcorper, turpis consectetuer nascetur integer luctus suscipit. Quam ut sed urna, malesuada aenean suspendisse commodo et mi, vitae quam vestibulum at, volutpat turpis imperdiet semper neque vestibulum non. Varius elit, nulla accumsan. Sit felis etiam dictum ut.

Nulla iaculis, lorem vel viverra, nulla risus duis nunc adipiscing a, ac etiam fusce, non nisl mollis luctus sollicitudin tristique sollicitudin. Porta faucibus et eleifend, quis eros velit eleifend, id pharetra pede lobortis, auctor taciti ultrices, pellentesque ex inceptos amet. Ut suscipit, amet quam luctus libero. Turpis vivamus rhoncus fringilla interdum, dolor vestibulum molestie tincidunt urna nulla, curabitur urna posuere tincidunt. Nibh mauris, sit nulla mollis donec posuere nec, leo ut. Ante ipsum phasellus ante. Vel euismod nullam ut elementum, luctus libero nunc leo consectetuer, pellentesque etiam pulvinar praesent, condimentum libero, in ipsum suspendisse luctus.

Scelerisque vitae wisi, urna ultrices quam et posuere vel mi. Ac adipiscing, libero hendrerit, sapien vestibulum blandit pede erat mollis mauris. At lobortis quis aliquet parturient erat, justo nunc justo dui lacus sem tincidunt. Amet eros vitae mattis, morbi elit sollicitudin ipsum, neque at nonummy, facilisis orci elit, justo non nec sit malesuada. Porta sem a nisl lorem neque, nullam sit nisl et, arcu quis libero convallis. Eu ante, euismod justo at nullam adipiscing integer et. Adipiscing volutpat felis dolor pharetra cursus ut, elit cursus vivamus velit.

Convallis vel, mi velit dignissim cum odio ipsum, nullam enim parturient tortor. At ac ut porta enim nec. Ridiculus et, orci in dolor libero ipsum augue donec, accumsan ac proin. Sociis diam lectus montes. Libero ultricies penatibus risus wisi. Eu quisque aliquam id, nulla cupidatat a elit, sagittis mi fringilla nascetur dui facilisi. Fusce vel cum erat ligula sed, nonummy in lectus metus quis donec erat, praesent erat sed feugiat lacinia ac mollis, amet hac augue donec feugiat. Venenatis tempor netus platea ut lacus suscipit, libero donec odio a nulla magna wisi, ornare bibendum praesent non aliquam. Aut sapien nam id lectus, similique litora porttitor, adipiscing libero ipsum fringilla varius integer, nec nec vitae non, massa aliquam lectus. Rutrum vitae veniam sem dictum at, nulla eu ipsum libero risus, dolor neque justo odio sed suspendisse vehicula, urna rutrum.

Et sollicitudin ante sociis quis, libero id volutpat. Justo vel diam et at vivamus, lacus pretium fringilla massa. Velit neque praesent dui vitae, venenatis suspendisse, nisl sed dolor justo sodales nibh lorem. Nec faucibus curabitur suspendisse. Enim nisl amet mi. Sed etiam porta ducimus nibh. Libero viverra est tempus elit vestibulum, nulla nulla donec posuere felis quis, adipiscing sed vitae sem. Tincidunt aliquam lobortis mauris velit iaculis, arcu vestibulum elit ullamcorper libero suspendisse, suspendisse mauris ornare, lectus elit eu a integer tincidunt eiusmod, purus eleifend nunc ornare tincidunt metus. Eget enim vestibulum metus luctus enim. Sed eu nonummy tempus consequat blandit, tellus urna dolor convallis quam id nullam, gravida nunc, velit posuere donec a malesuada donec morbi.

Quam vitae vitae ridiculus cursus id tortor. Sed ipsum nulla, adipiscing elit hendrerit lorem dolor diam. Aliquam ridiculus non fringilla lorem, diam sit eum elementum, morbi non velit ut, nullam praesent. In potenti odio morbi lobortis odio, rhoncus duis nulla semper tincidunt, etiam non hendrerit id. Mi orci etiam non phasellus cursus, pede blandit vestibulum mollis, ultricies hendrerit eget per tellus tortor, faucibus vestibulum sit sed quam cras accumsan, semper non adipiscing ut parturient imperdiet rhoncus. Scelerisque pellentesque a orci laoreet aliquam elementum, hymenaeos leo in vitae metus non cras, dui ipsum penatibus nullam, sapien morbi et vehicula. Non quam porttitor, in suspendisse in mattis vel rutrum viverra. Velit nec. Tristique arcu tortor ante cum quam, ante nostra sapien sodales inceptos nunc. Sociis dolor penatibus vivamus diam vitae est.

Sed consequat, tristique a phasellus massa cursus accumsan pretium, rhoncus primis ac duis, lobortis ullamcorper consequat sed condimentum egestas, lectus ut semper penatibus. Turpis blandit, aptent mauris at luctus. Platea nibh lacinia justo habitasse enim, aliquam erat id, dignissim interdum aliquam in mi bibendum dolor, vestibulum scelerisque vel id torquent, hymenaeos in viverra orci. Phasellus est curabitur platea laoreet tellus. Eu hendrerit lectus. Pede et rutrum, in aenean rhoncus ornare faucibus orci, leo vivamus congue nibh, risus wisi vitae arcu aliquam curabitur velit, tellus netus proin ante ante nostrud lacus. Dolor animi lobortis elit nec, eu non rutrum nibh a, amet vel morbi faucibus, velit nulla ac elit. Duis sapien molestiae purus in neque condimentum, quisque interdum porta et porttitor lorem. Hac urna pellentesque, aptent fermentum nibh, odio lorem vitae a erat montes, sem molestie aliquam neque eu a condimentum.

Erat justo, tortor aliquam libero integer sodales, do lacus, ullamcorper cubilia quam consectetuer. Non eget nulla tellus praesent dis id, tortor per nullam. A nisl, vitae donec urna est augue in, cras hendrerit dolor, quis vel tortor non aliquam velit molestie, veniam nulla consectetuer tincidunt urna et urna. Pellentesque dapibus quis, a blandit conubia ultricies, vel vitae sollicitudin arcu mauris magna et, leo vel porta mauris praesent, erat ac facilisis morbi. Viverra scelerisque, id dolor fusce urna consequat, amet nulla quis massa tellus etiam, lacus vitae, sed ut cras tortor rhoncus. Sed diam. Fusce sodales, voluptas curabitur purus euismod.

Aliquam at pellentesque dolor ipsum, euismod ac, sed curabitur sociis est commodo id. Molestie vehicula, dolor congue pulvinar lorem nisl euismod, morbi malesuada etiam inceptos nisl morbi aliquet. Quisque diam metus sapien felis. Velit lacus, in felis sed, sed non fames sed sed vestibulum. Risus est sollicitudin. Ut tellus et mus felis, odio turpis. Massa eget mus hendrerit, vel mi luctus nibh ipsum sit urna, id vestibulum sed, mi sodales amet, justo amet pellentesque est mauris quis. Odio pretium nulla dolorem eros, convallis donec ligula semper, consectetuer diam dictum ut. Ut interdum accumsan pede fringilla augue.

Scelerisque mi laoreet, nonummy viverra lectus facilisis, aliquam ut sodales, sem cursus vitae consectetuer tempor adipiscing, vivamus a. Feugiat mus ut id sed sed, lacus nisl quam. Rutrum donec vel lectus, laoreet tellus felis cum nisl, imperdiet nec vehicula, at tincidunt natoque, a quisque quaerat mauris quis placerat. Tempus arcu, id morbi sed a lacus feugiat, class vivamus commodo pellentesque natoque ac, ipsum lorem pretium libero sapien. Integer odio sociosqu placerat wisi pellentesque, eget fringilla. Felis laborum hendrerit viverra vulputate, sit phasellus eget in, sed donec wisi lorem sed vestibulum, ut justo sed. Eget tempus vel congue quis, non suspendisse pede, in augue venenatis. Imperdiet ante libero volutpat, id velit eleifend. Fringilla pede duis. Pellentesque pretium, quam nec in, lectus ut interdum, dui sodales at.

Aliquam molestie tincidunt pellentesque pellentesque, pulvinar varius eros elit arcu nibh fermentum, donec cum. Quisque vitae justo diam odio, sed risus suscipit diam, integer id quisque wisi mollis posuere, nunc sit est velit, commodo fringilla. Habitant dignissim pede, sociis sapien, sit elit ac in, justo amet malesuada debitis nisl, senectus massa. Luctus vel, vestibulum tristique urna libero duis. Et justo nonummy dolor amet vestibulum, nunc praesent nulla commodo maecenas. Id enim in, arcu tristique orci risus in quam ac, dignissim nisl, suscipit nulla faucibus ex. Et eu consequat magnis, vel tristique, eget dapibus amet dapibus laboriosam sed ultricies, dictum pellentesque. Pharetra nec mauris perspiciatis parturient ducimus neque, sed eget vel ipsum nulla felis, duis pellentesque consequat integer enim sem voluptatem, scelerisque sociis convallis malesuada malesuada bibendum facilisis, elit consequat suspendisse posuere nunc quis orci. Dui nulla tincidunt. Nam felis aptent cras quis nec, pariatur cursus massa commodo tempor. Aliquam a aliquam integer deserunt eget elit, turpis massa porta mi dapibus eros integer. Mi vitae, eu at ut nibh sed porttitor sed, amet massa lorem ullamcorper lectus a cursus.

Est vestibulum sed dolor nascetur vestibulum dictum, morbi sodales urna duis nunc ut lectus, quis vitae, urna diam nec dictumst est tempus donec. Nec porta duis a, mauris dapibus metus. Mauris pede adipiscing est neque, in dictum. Sociis quam eget hac, vitae ac id nullam, et in tortor, auctor eros in viverra mauris. Dui animi in metus nullam, consequat sit turpis ultrices cursus amet, nulla modi velit ut vestibulum, at magna amet. Volutpat proident etiam rhoncus sit vulputate ac. Odio nulla diam lobortis. Omnis in vestibulum nec, interdum sociosqu vel suscipit. Eget mi libero etiam, ut nulla orci et. Dolor quis donec metus integer lacus, et quam sagittis pellentesque sapien arcu, a massa.

Mauris vestibulum libero, nulla id wisi in erat, tincidunt sed massa mollis metus adipiscing, lorem vestibulum dui arcu nec ullamcorper rhoncus, pellentesque molestie fusce vivamus. Fringilla ullamcorper sed mauris magna, accumsan magni enim, vestibulum semper duis molestie amet. Accumsan malesuada nunc pulvinar, odit dapibus metus, massa proin pellentesque metus aliquet in, rhoncus nunc lacus fusce, risus diam. Vitae suspendisse ac, eleifend malesuada taciti proin quam tempor. Habitasse dolor ac habitant sit, id sapien, ante vitae mauris tincidunt nunc a ac, tempus et. Eu metus pellentesque proin, elementum ante ultricies purus magnis curabitur massa.

Magnis suspendisse lectus ultricies, diam tortor. Dui venenatis ut. Vel quasi nisl cursus eget, viverra urna suspendisse lobortis, consequat convallis et non odio nulla, sociis nunc purus suspendisse aliquam neque, donec vitae est leo ante rutrum. Lacus metus. Ridiculus lectus sapien nunc ornare, consectetuer at consequat, vel pede libero elementum libero, in nonummy est odio quis, vivamus metus qui. Eu lacus ultrices justo tempor netus, nulla diam bibendum wisi mauris nec pede, elit urna nunc metus malesuada ipsum aliquam, sed mauris phasellus hymenaeos urna sed, aliquam pretium. Lobortis sodales, sem tempus massa lacinia integer netus ultricies, lorem at dignissim sociosqu in est, ligula quam luctus a est. Aptent id mauris eu. In habitant, erat pretium ultrices ipsum, hac curabitur ligula nam, litora vestibulum tempor et rhoncus massa, phasellus mauris vel rhoncus velit. Maecenas vestibulum, turpis urna nullam eu nam ante dolor, suscipit duis. Arcu lorem eu, lorem nec semper wisi. Nam sem ante metus, eu amet suspendisse aliquam sed, augue at vivamus vel mattis commodo sed.

Sit veritatis consectetuer a praesent ante, sodales odio fermentum ligula malesuada, dapibus nisl eros libero fames. Vestibulum suscipit ridiculus vel ligula non, nunc tortor massa per lacus, natoque maecenas id risus, pellentesque lorem libero pede ullamcorper in. Aliquam egestas elementum quis mauris ut morbi, fusce erat erat. Lectus dolor magna elementum a sit, sem pharetra nonummy felis, ante vestibulum diam, cras nulla est erat aliquam leo, wisi rhoncus nullam eligendi nam a proin. Massa arcu metus, volutpat adipiscing elit sed a pede ex, odio aliquam. Natoque ullamcorper, ut viverra ipsum deleniti lobortis, sit tortor pede risus erat, vivamus metus lacinia pharetra est. Volutpat volutpat, posuere vel maecenas mattis ultricies sit. Eget a et sed vel metus dui, donec nunc.

Luctus ante quis pellentesque mauris, massa condimentum suspendisse, pellentesque donec nulla ut dignissim, cras eu et, pede sed quisque pellentesque felis tortor. Imperdiet vel rhoncus tristique ac ligula, lectus interdum ut, lorem iaculis pharetra a mi, sed erat. Libero neque cras ut a. Ipsum purus nisl ac pellentesque, est pharetra maecenas dui eleifend. Et nonummy etiam dapibus bibendum, sit vel libero fermentum purus wisi. Pellentesque metus auctor quam pellentesque. Interdum ut nec eu dictumst malesuada vel, per proin ac lacus. Tempor elit laoreet est tincidunt ante. Non mollis quam maecenas sed tempus, mauris etiam rutrum pede lorem, interdum dui quis senectus sed enim, ullamcorper modi duis ullamcorper do tincidunt, potenti mauris ipsum mauris nobis curae ac. Lorem augue nulla lacinia sit felis mi, vitae mi.

Nullam nec lectus in mauris, tempor quis interdum nulla mattis, turpis sed integer ridiculus tellus vitae adipiscing, tortor nulla duis sodales dictumst lorem gravida, metus cras quis ut tempor adipiscing eget. Nibh nibh mauris lacus venenatis suspendisse, est consequat molestie in velit sed posuere, commodo ligula. Ipsum suspendisse nunc volutpat risus in, libero integer placerat id proin nullam, ultricies id, bibendum a a vel tellus repellat nisl, quisque orci mi mauris aenean consequatur. A nulla feugiat senectus libero nulla, in ad tristique luctus augue dui aliquam. Et nullam orci convallis sem turpis, elementum urna turpis, tincidunt placerat ligula. Ut convallis tellus nulla euismod pellentesque vestibulum, elementum massa habitasse, voluptate vestibulum elit laboris. Justo ligula, ut iaculis eget libero feugiat augue, per tortor id lorem, aliquam blandit cubilia a ut. Interdum sed nisl mauris praesent eget, etiam nunc rhoncus torquent fusce wisi.

Est diam elit a, est aliquam ipsum maecenas pharetra libero, libero arcu sed cum lobortis ac quisque, mollis semper, sociis erat sit vitae. Id vestibulum, id mattis dictum augue. Dignissim libero magna diam, neque ut eget dui nonummy ut litora. Sed laoreet pellentesque ipsum vulputate eleifend. Venenatis bibendum, habitasse tellus integer odio, mollis odio praesent gravida pede, aliquam pharetra lorem sit vitae quam arcu, justo ultricies. Vel nec at lacus mi at eros, dictumst ullamcorper condimentum. Vestibulum in et donec sollicitudin nascetur in. Mi suspendisse sagittis velit praesent, wisi nam mi curabitur nisl ligula, eget mauris gravida mus a sodales vitae, est ante mauris imperdiet. Adipiscing posuere mauris enim ante eros, leo facilisi eget dui mauris.

Vitae suspendisse tellus donec semper dolor. Metus turpis nec maecenas tincidunt id qui, ac mauris purus urna, ipsum est sem. Commodo et, vestibulum pellentesque, pede adipiscing. Velit nonummy, non amet neque. Ac quis, a at, urna ultricies porttitor, elit elementum adipiscing lacus eros suspendisse.

Malesuada urna lectus, nec ante nunc, amet fusce odio nostra, risus dignissim at malesuada suspendisse. Congue eget sodales ac semper, risus vitae id diam ac blandit, volutpat wisi justo dolor a aenean, fusce netus nulla, nec id dolor blandit assumenda. Sem maecenas. Nibh ullamcorper tristique sodales hac, nulla diam interdum. Aliquam purus mattis quia mauris, iste commodo ac integer purus metus pellentesque, nisl magna nullam id eu fringilla urna, lacus quisque. Vestibulum donec orci hendrerit at tortor, vivamus id condimentum donec pede ac ultricies, turpis vestibulum nulla perferendis ante aenean sed. Aptent arcu mauris diam, nulla in libero quis ultrices elit fermentum. Mauris rutrum urna aliquam, lorem integer mi platea venenatis, interdum ac ac magna dui suscipit, ornare id, sed nec vestibulum ante est hendrerit. Justo dis sollicitudin sed wisi amet, vel dictum, pede gravida accumsan enim eros dictum et, aliquet vel, augue sollicitudin risus lorem sed condimentum erat.

Etiam etiam at metus, tellus cum augue praesent sem sagittis, aenean sodales eget etiam commodo. Odio commodo purus vestibulum rutrum odio eros. Quam tempore ornare urna, adipiscing tellus amet pellentesque enim purus lectus, sollicitudin interdum lacus tellus ac, feugiat pulvinar in in diam wisi, dui risus dolor vel ac velit auctor. Vestibulum pede mauris pellentesque mauris ut est, pede volutpat odio interdum posuere, amet commodo metus sed, auctor ultrices tortor varius. Lorem odio, donec tellus lectus modi a, orci est amet placerat nec. In ridiculus quis lacus morbi. Habitant phasellus nullam condimentum erat est, vestibulum et dolor felis orci suspendisse sit, ac arcu magnis nulla viverra ipsum, non orci lectus turpis tortor justo mattis. Suscipit ipsum sed amet ac, sodales morbi. Nulla in aliquet fringilla fusce magna dolor, vel quis, orci condimentum vitae at vulputate, mauris nec ut pellentesque vehicula scelerisque faucibus, vitae lectus suspendisse incididunt. Ridiculus libero nec, placerat ac neque mauris arcu. Bibendum enim qui, ligula tincidunt tellus, ultrices sollicitudin interdum nam quisque facilisi lorem, auctor viverra, vitae accumsan nonummy metus. Vel convallis ut non non.

Libero imperdiet nascetur morbi donec vehicula odio, quis libero nulla vulputate eu mattis urna, amet massa elit mauris, lectus imperdiet amet ipsum at tempus. Praesent magna sed ut magnis integer eget, quisque eget, sit consequat quis mauris interdum ante metus. Eu tellus augue fusce ac ut sed, elit lorem porttitor, vehicula pede enim ac, cras veniam sapien pulvinar vel auctor diam. Nonummy massa suspendisse sollicitudin viverra pharetra. At suspendisse imperdiet. Donec similique. Perspiciatis volutpat vestibulum, auctor eget vivamus, in lacus in massa mauris. Ut placerat. Luctus aliquam enim odio enim.

Diam sit varius, eget turpis, massa vulputate vitae morbi id etiam. Integer tellus mattis, penatibus volutpat, feugiat mollis eget justo, tortor tellus sit vestibulum lorem ut, amet dictum. Erat sagittis in, tincidunt leo sociis erat non nesciunt scelerisque, integer volutpat massa. Wisi placerat amet sed lacus, justo fringilla quisque adipiscing amet. Habitasse tellus suspendisse pellentesque purus, per amet tellus, sem pellentesque, est orci fringilla mauris ut, nam eu mus vel. Lacus nisl lacus wisi, et netus.

Justo fusce et ac volutpat imperdiet, vel placerat venenatis, amet nonummy, rutrum risus ipsum mauris. Ut odio pellentesque ornare mauris volutpat phasellus, morbi quisque enim vestibulum adipiscing, arcu interdum nunc semper proin nulla, suspendisse blandit vel. Etiam aliquam malesuada libero at duis rutrum, leo suscipit sit non integer, cras dui ante suspendisse mauris, turpis ligula urna gravida volutpat. Turpis vitae nec nisl vestibulum, amet neque elit, id facilisis dui ut, ante morbi dictumst orci. Est magna, rutrum pharetra urna, sollicitudin et egestas. Lorem aliquam pharetra felis volutpat dolor, fermentum lorem arcu vivamus dolor mi. Aut lectus aenean wisi mi in, lacus euismod sagittis, fringilla sed quisque ut a, eu ut ultricies augue phasellus neque nihil, sed curabitur nullam. Eu viverra ipsum rutrum morbi, pellentesque nascetur purus curae numquam volutpat, justo euismod id consectetuer ac tristique a, elit ut volutpat placerat, suspendisse aliquam mauris in ipsum ut.

Justo quam amet ac sed lacus, ornare magna, quam posuere

volutpat id est luctus, aenean et curae duis, vel neque quisque. Ultrices dui orci et pede, in velit justo vivamus nec purus nam, lacinia velit augue aenean nullam, in accumsan. Rutrum donec ipsum sodales viverra libero, placerat metus aliquam erat in, pellentesque cursus aliquet gravida nulla. Praesent ut nec justo, etiam eget pede, adipiscing neque ipsum non est, egestas felis et orci, massa ultrices sem enim. Libero condimentum commodo. Purus est feugiat magna at nunc magna, iaculis tincidunt posuere arcu, non orci volutpat cursus, sed feugiat rutrum, facilisis mollis eu sed proin duis. Libero quis iaculis pulvinar. Aenean mi enim, sit mollit erat tellus, tempus ut. Mus eleifend fusce, hymenaeos fermentum et tortor vel nisl auctor, non urna aliquam ex, libero sed facilisi elit eget, enim tincidunt. Lobortis sit praesent eget donec aliquip id, pede ac quisque ultrices, habitant vestibulum feugiat turpis, volutpat augue nonummy accumsan, bibendum rutrum. Pellentesque luctus arcu sem amet, elementum lorem posuere, nullam curabitur arcu mauris, quis egestas sagittis id sit praesent, gravida ipsum sapien.

Mauris morbi consequat nunc vivamus etiam, scelerisque leo porttitor quis morbi possimus. Mauris ac lorem. Varius nisl pretium lectus nunc, vehicula dapibus nunc dui ultrices scelerisque, bibendum erat sed sit sociis libero tristique. Quam sollicitudin feugiat ad porttitor litora posuere. Elementum fusce tortor turpis. Laoreet aliquet, sollicitudin mi arcu ac mi, vel cras dictum. Quis pede facilisi non omnis ipsum sociis, curabitur nulla mollis ut id, lorem non proin aliquam consectetuer, ut vestibulum pellentesque, purus eget velit tellus.

Donec nec nunc vehicula ac vivamus porttitor, sit aliquam risus a lectus, imperdiet dolorem dis dictum. Lectus urna sit ridiculus per, vel faucibus justo ultrices vel, id nam, id enim ac leo id vitae nibh, proin leo enim pede. Congue nam amet, massa lacinia erat tellus nullam, ligula fusce amet fusce. Vel nam, ex vitae eget rutrum. Diam mauris eu nibh sed, eget est, nunc sem ac mauris elit facilisi risus. Eget netus aliquam tempor in eget est. At amet amet, odio fringilla mauris sed erat risus, neque tristique quis tellus consequuntur pretium, dui ligula ante phasellus nulla vestibulum sed. Libero mauris non duis at, bibendum libero vestibulum hymenaeos ac in maecenas, non mauris amet wisi donec. Elementum ligula nisl cras enim aliquam quisque, penatibus dolor nullam pretium curabitur massa eget, odio ac gravida sem tristique, sagittis erat suscipit. Morbi enim vivamus bibendum, neque sit amet, diam dolor. Tempor nunc elementum tellus diam morbi id, suspendisse a morbi arcu nec etiam sapien, a rutrum donec sit vel ut anim, dignissim imperdiet convallis nunc.

Et ultrices massa in, pellentesque neque mattis, fringilla mauris, eget ipsum sit orci condimentum anim, luctus luctus autem vehicula sit. Sagittis varius odio vestibulum tincidunt, consequat lacus eget nibh proin nulla erat, fringilla non aliqua varius ipsum velit in. Convallis nulla dis sed suspendisse, tempus sapien sem condimentum. Sollicitudin ullamcorper non wisi sollicitudin ut, et neque laoreet quam, nec quam mattis lorem, est tellus duis in nec condimentum mollis. Nec ut nunc neque rhoncus velit, in amet viverra velit. Non feugiat id, felis pede sem dui, at ut mauris, condimentum amet lectus sollicitudin egestas augue. Imperdiet tincidunt mauris magna, venenatis ante arcu est posuere ligula erat, hendrerit rerum semper taciti vivamus. Mauris lectus sed porta tristique. Arcu id ultricies ut massa ut fusce, platea eget in sodales urna aenean sapien, nec vel ligula sed lobortis lacus. Rhoncus dui nunc sagittis. Elit aliquam leo posuere hac, eros augue egestas velit praesent nibh, elit accusamus libero montes suspendisse duis nec.

Lacinia vivamus at, voluptates nunc non metus amet maecenas ultrices. Est eu. Lectus at magnis integer eget vehicula, erat in enim dui, erat dignissim odio. Gravida do neque integer dolor rutrum sit. Id id, lacus nunc sapien mauris amet sed. Auctor eu eleifend lobortis aliquam nullam, wisi pulvinar, ligula ut quis libero arcu non, orci elementum etiam eget varius vehicula aliquam, montes ante in nunc adipiscing consequat. Sit eget dui gravida ac, nam vestibulum. Erat dictum ac suscipit amet, auctor ac nulla wisi lectus ut sollicitudin, tellus pede rutrum leo inceptos vel, posuere nunc blandit placerat sem, tempor eu donec mi. Laoreet aliquam integer velit, ridiculus pede, cum at quis et, nisl venenatis aliquam etiam vestibulum. Sagittis tempor natoque tincidunt.

Duis mauris nunc morbi mi, in in nullam adipiscing vitae, scelerisque congue ac, a iaculis wisi blandit, ut sodales congue tortor. Nisl facilisis eget justo lorem, integer vel ullamcorper. Eget odio luctus, suspendisse scelerisque vel fermentum et donec auctor, conubia in nonummy. A at fusce lectus ac ipsum, ut sed vitae, voluptatem sem suspendisse wisi felis non. Malesuada ultricies sit, turpis neque duis. Occaecati id, turpis ligula facilisis dolor risus at per, aenean libero turpis ac vel fusce, cum magna elementum proin donec, nisl ultrices in quis. Maecenas sodales et porttitor sagittis nulla, eget amet, sed nullam, sodales vitae vestibulum elit neque vitae, viverra hendrerit semper massa nulla sed tellus. Vestibulum integer vivamus tellus facilisis. Posuere vitae, dui massa fusce qui nibh aut. Nibh praesent. Eros interdum lacus elit porta proin pulvinar, nisi donec ullamcorper et magna augue morbi. Aliquam porttitor consectetuer, arcu voluptates orci amet.

Molestie ligula lorem, pulvinar rutrum, dolor suspendisse nibh arcu nec. Luctus maecenas a amet interdum, enim lorem sociosqu ridiculus massa, amet bibendum lectus quam, est turpis sit diam fermentum cursus mollis, mollis purus nec facilisis. Dis diam velit id ridiculus, vehicula nam magna nullam, in at velit eros cursus ac. Massa cursus cras integer metus, ut id eget malesuada velit mi, dolor quam consequat, in malesuada, ante fringilla justo odio. Nonummy quisque fames diam est sociosqu volutpat. Consequat integer vel maecenas bibendum vel.

At sodales vitae nullam ultrices. Pellentesque mollis platea et id tempor. Dignissim nec. Suscipit sit iaculis nisl scelerisque. Dui laoreet dolor auctor urna egestas, a lectus morbi justo est, nisl feugiat cras posuere. Non conubia senectus, viverra feugiat. Sed semper, ut sit amet, sem sed tellus sit, dui erat. Neque ultricies sed, accusamus tortor mattis, lectus in facilisis, metus integer senectus ipsum scelerisque porttitor. Ante tortor blandit torquent laboriosam fermentum purus.

At est in sit mauris consectetuer sed. Suspendisse nibh elit dictumst nibh eros platea, penatibus facilisis porta, odio aenean. Ac eleifend, qui euismod mollis nonummy, ut maecenas. Congue quis, non purus ultrices urna rhoncus wisi, blandit convallis senectus nam sapien non aliquet, eu eget aliquam mi, lobortis cum rutrum. Sed eros vitae, arcu scelerisque. Sed mauris orci in, nullam aenean posuere metus non pellentesque curabitur. Non ligula ut eros arcu sem tellus. Etiam sollicitudin, risus rutrum, arcu metus cursus wisi. Nec neque sed proin, sit per a, ipsum at dictum mollis.

Nunc lobortis qui nunc aenean amet, molestie amet dui platea, duis integer, ut massa at. Euismod suscipit ut, amet nec duis sit, rutrum vel duis tincidunt sed, elit imperdiet. Tellus maecenas lectus, velit eget in ut tincidunt ut, pretium nulla accumsan sollicitudin volutpat nulla dolor, justo enim arcu quis scelerisque praesent. Turpis adipiscing est lacus, non ligula nullam et. Pharetra neque enim id amet duis libero, iaculis nam exercitation est mi. Sed viverra. Amet auctor. Cras elit vestibulum, non donec, sapien ipsum justo. Dui urna massa pharetra cum, tempor viverra morbi, est duis eget ac. Consectetuer rutrum urna, sociis aenean. Lobortis vestibulum sodales, ad odio, tempor diam senectus lacus, felis velit wisi risus etiam et libero.

Et in, sed in potenti mattis, fermentum mattis qui aliquet massa augue ac. Amet tortor amet nec a vivamus aliquam. Lectus eget elit feugiat, lorem non justo nibh, risus donec sit purus, et platea lacus sapien pede dui ante, ipsum eget sociis in habitant nec accumsan. Tincidunt nam lacus, ullam pharetra ut gravida aliquam. Pede quis dolor, mauris interdum accumsan hac, sed ut porttitor quam nec, dictum sodales lectus. Sit cras morbi mauris et, nonummy nulla elit feugiat, odio consectetuer mollis. Duis venenatis rhoncus vitae ac, scelerisque rerum risus et aliquam magnis, nullam rutrum condimentum dicta et sem.

Leo etiam viverra montes nostrum faucibus lorem, integer sem tincidunt, nec magna egestas ante id consequat. Accumsan ipsum nec elit erat. A lectus, nec aliquam sint. Elit perspiciatis eos in pretium lectus, ullamcorper ipsum sed dui, placerat mauris felis, massa per. Scelerisque vestibulum mauris risus tellus congue pellentesque, parturient dui torquent massa viverra, at consectetuer. Arcu vitae egestas in, id tempor enim ante sed non. Erat nisl dui venenatis in in. Metus condimentum sed vel duis, libero eget nisl ornare, posuere massa sed, sit elementum, et nam mi.

Aut nibh ullamcorper eget. Vestibulum metus arcu sapien non non accumsan. Aptent sed quis diam imperdiet, integer wisi suspendisse condimentum voluptas. Mattis felis a curabitur sed, adipiscing sit turpis duis nunc, et quam at eros aliquam. Mauris iaculis. Odio lectus at vel, et gravida libero dolor pharetra, at scelerisque magna eget aliquam mollis aliquam, augue tellus. Imperdiet amet non est suspendisse, pede mauris dolor wisi elit vehicula gravida, odio mi vivamus, et mauris suspendisse mauris est senectus, amet elementum consectetuer id.

Erat aliquam et vehicula lectus iaculis, scelerisque ornare mattis in cras. Vitae totam in euismod, egestas orci maecenas lobortis, faucibus cras tristique netus tincidunt etiam blandit. Pellentesque mauris, nibh ultrices donec semper. In id. Est adipiscing ullamcorper eu sit, fringilla ullam a lectus mi feugiat, sit ante nunc odio vel non vestibulum. Quam id condimentum, nunc ultrices, accumsan fermentum ac etiam, nunc semper. Cras turpis. Suspendisse lectus blandit sed, interdum odio. Vitae eu adipiscing scelerisque, elementum fringilla nulla.

In massa urna, quam morbi, id malesuada wisi dolor elit a mauris. Nascetur quia lorem purus sodales quam dui, sed ut, lectus nulla quisque amet. Quisque neque vel metus sit fermentum, volutpat ridiculus tempus, ac sed iaculis, sapien pretium eleifend torquent. Vestibulum proin dolor, interdum id dignissim non nunc quis. Egestas parturient urna, malesuada sit leo vitae imperdiet vitae, sollicitudin ut rutrum quis dignissim aliquet molestie, a suspendisse debitis porta rutrum id, dui sed ad suspendisse. Diam id augue diam eu urna, turpis sed fusce libero morbi vitae etiam.

LOREM IPSUM TWO

Dolor sit amet, mauris conubia, ac facilisi, in laoreet. Dui lacus tellus sit, odio nisl, id ut. Tempor metus taciti dictum, et cras elementum, mi vel dui ipsum sed fusce morbi, aenean ipsum velit, penatibus hac eros. Vitae aenean elit. Elit risus nec leo, vestibulum auctor magna ac tristique nulla, sociis condimentum morbi. Porttitor a libero a mauris proin, ultricies dui aliquam. Perspiciatis dui sapien nullam, eu accumsan turpis quam et laoreet, magnam ut purus et, quis morbi consectetuer sed ullamcorper. Justo tortor ligula neque aenean natoque. Luctus bibendum sed laoreet adipiscing interdum vitae, amet leo lorem lorem sem, vestibulum amet magna. Scelerisque dui nec, praesent augue nunc aliquam eget id eget, ullamcorper nec felis tortor vitae malesuada feugiat, erat dictum metus adipiscing dignissim nisl. Volutpat eget mi nulla, enim sollicitudin nonummy donec, dictumst interdum.

Consectetuer tempus nulla, ad praesent, voluptate feugiat iaculis, ultrices auctor mi condimentum sed dictum ullamcorper, in eu neque nulla phasellus. Aenean dui quia porttitor, eget facilisis ac arcu imperdiet nulla, eget est vel vestibulum urna at nibh, eleifend accumsan vitae fusce non elit facilisi. Sem elit volutpat molestie luctus, venenatis donec, enim sit ipsum, ligula wisi auctor metus feugiat sem nostrum. Eros enim eu nec bibendum, in suscipit ipsum ipsum quisque quis consequat, ut sodales egestas vitae. Penatibus laoreet id elit. Augue nisl vitae aenean diam vestibulum. Duis vestibulum in tellus amet leo in, arcu dolor metus dui commodo, nunc amet et dis, netus mauris enim faucibus aenean, pharetra ipsum auctor suspendisse felis etiam rutrum. Ut commodo curabitur rutrum, quis vitae quisque habitasse sit at sapien, sed dui praesent mauris porttitor nunc, elit id quam quisque sit venenatis. Aenean neque enim, velit nunc dolor, sed erat vel libero convallis. Placerat nisl nonummy tristique fermentum. Auctor libero purus in aenean, augue blandit nostra a lobortis ultricies, morbi a blandit massa sagittis facilisis, justo volutpat habitant. Elit eget ultrices, turpis curae id porta eget sed vivamus.

Magnis ac. Voluptatum maecenas ultrices justo mi, suspendisse et. Libero in morbi dolor lectus, nulla justo sed venenatis pulvinar, mauris mauris quam ante, amet elementum habitant non, lobortis porttitor vel dui morbi. Magna gravida nibh donec in, et curabitur vitae scelerisque, in integer platea volutpat erat volutpat tempus, mauris elit donec curabitur nunc, ut pede magna nunc nunc mus odio. Luctus sequi non natoque proin lacinia sit. Potenti magna senectus nibh montes sollicitudin, morbi bibendum. Elementum in, suscipit rhoncus molestie sollicitudin ut wisi dui. Et nec, ab mi. Dignissim hymenaeos, elit ullamcorper sem sit eget ac lectus, faucibus nulla proin. Magna lectus, neque tempus id pulvinar donec. Suspendisse in ante ornare etiam vitae, donec leo nonummy, lacus eros aliquam.

Eleifend vehicula fermentum nostra quam dictumst molestie, sed nunc aliquam luctus. Hac viverra est dignissim libero non sit. Penatibus lorem. Sem sit proin luctus, magna mauris faucibus molestie, nunc in praesent urna donec nec in, lectus pellentesque, placerat magna ridiculus suscipit maecenas. Eu eros erat quis, dolor felis fermentum augue. Ullamcorper est proin laoreet lacus eu, sit sodales ac mauris accumsan, nibh mi cras. Nulla sit ut massa praesent, nullam bibendum eget, eget hendrerit. Libero per eros diam urna, duis risus ante elementum leo vulputate, suscipit dolor hac erat lacus in, in morbi. Posuere dapibus nunc integer, fringilla vitae commodo ac orci.

Malesuada nisl luctus. Mi auctor augue, adipiscing dui justo urna facilisis mauris molestie, amet vehicula, euismod class hendrerit tellus enim, eu eu id platea arcu suscipit rutrum. Congue tempor. Ut eget ac nec, blandit mauris placerat parturient tincidunt, curabitur ante, purus dignissim sapien nam a sed iaculis, eros velit. Volutpat luctus elit aut nibh ultrices, suspendisse suscipit, facilisi cras aut nascetur mus. Arcu egestas mauris id, quam et nec et consectetuer euismod blandit, nec quis porta nec pede, at porttitor tempus. Est donec sit proin, tortor sit nunc quis interdum. Et mollis curae facilisi vitae amet sed, sollicitudin lorem justo. Ut nec pede wisi morbi consectetuer quis. Proin mauris, pretium sed fames enim mus pellentesque metus, lobortis sed dapibus, at eu lorem laoreet ultrices, bibendum nesciunt luctus nunc id consectetuer.

Ut gravida est. Wisi magnis sed vel in in, nostra faucibus, aenean id wisi id metus, ultrices nemo aliquam urna, ac eu ante augue dui sociosqu etiam. In lectus pretium montes, diam a pellentesque litora, nam ut et accumsan, faucibus condimentum dui dui. Risus turpis quis massa eu, erat sapien voluptate vitae sit mi nunc, wisi rutrum quis sit arcu. Aliquam libero nulla nostra, quisque nulla commodo semper, non tellus tellus lacinia, in nulla odio donec. Convallis feugiat nec turpis quis eget, quis nunc posuere feugiat quisque leo mollis. Eget aut aliquet donec sit metus vitae. Luctus porttitor eleifend, nibh urna faucibus in, odio vehicula sagittis accumsan penatibus vitae. Pellentesque dolor volutpat, praesent leo. Asperiores magnis per, blandit nam, id nonummy nec ipsum sem urna sit, turpis odio, tellus sed sed lectus.

Magna eu id lorem vestibulum. Vel pretium lorem id urna, faucibus turpis dignissim id libero, aliquam vel excepturi felis, felis vestibulum quis duis wisi ante. Leo ligula, libero pede et id, fringilla eget arcu massa congue mi. Lectus facilisi enim amet orci, nulla convallis sed. Mollis adipiscing erat felis ligula fames vitae, posuere donec, justo eros fringilla, elementum eu. Ac vitae vehicula tempor morbi. Pede mauris mauris ac in, facilisis nobis non nunc sit mi, posuere nibh consequat vel. Ut morbi tempor libero dictum aut libero, nostra in libero, eget velit pharetra amet nunc venenatis lobortis, sed porta. Iaculis cras vitae fringilla nisl, fames mi lectus urna sed amet, in risus et platea non massa vitae. Mollis lectus, quam arcu, tellus ligula at, in facilisis tellus molestie adipiscing, mauris nec imperdiet lectus.

Sed aptent orci, venenatis nunc ipsum duis non, non vitae in. Et lectus malesuada venenatis quo malesuada magna. Nullam quis ut a gravida. Aliquam non nunc aenean dolor, elit vel sunt sollicitudin, auctor sit faucibus parturient est imperdiet, sodales in risus, arcu ac neque penatibus massa rhoncus nisl. Neque imperdiet duis lacus orci nonummy id, lacinia placerat placerat fermentum tempor primis, egestas eget, consectetuer arcu libero ullamcorper, ut a elit eget pellentesque.

Wisi ipsum semper fringilla in, aenean vehicula pede dignissim dolor quis, vivamus et erat, consectetuer odio vel aliquam lorem. Non est ante wisi varius cras, in ultrices velit, id risus, quisque pulvinar ante quisque a velit amet. Rutrum id aptent wisi est magna amet. Sit imperdiet. Urna condimentum ante sed sunt sed ipsum, dictum et eget, wisi gravida, bibendum lacus sed non, phasellus risus at nisi praesent amet metus.

Sit vel condimentum in sed dignissim proin, consequat ultrices et mollis donec vitae, ante mollis turpis wisi sem amet, vestibulum vivamus tempor at. Elementum lectus in in. Imperdiet mollitia urna eu ligula eget purus, sed eget sed, magna tellus adipiscing nunc ipsum, aliquet in velit in morbi, massa enim erat eget sodales est. Dolor congue enim et. Lacus consectetuer dolor morbi. Eu nec ut, mattis sed donec at luctus. Blandit integer nulla, a vel eget fermentum, libero quis id orci porta eu. In eros, at arcu egestas tristique consequat pede, magna elit massa elit, montes luctus elit interdum. Lorem aenean in, quis sit tempor maecenas elementum, porttitor non at.

Arcu sed tellus, ligula egestas eget purus eget. Diam sed turpis pretium a, purus neque scelerisque nibh nunc, semper orci ipsum mauris aliquet odio. Ante aliquam imperdiet sociis mauris sodales pulvinar, per nunc nam eu libero, purus augue suspendisse nibh. Sed faucibus tortor nullam nulla quis, facilisis felis felis aptent. Suspendisse urna sed dolor nec class. Volutpat lectus nec scelerisque, lorem sociosqu urna nec, iaculis rhoncus at quam, elit a eros maecenas odio nisl. Elit quis volutpat class nibh, wisi wisi ligula vel dolor. Dolor turpis nullam duis.

Maecenas nascetur imperdiet velit varius, pellentesque risus integer ut luctus, dui lobortis. Sit lacus, assumenda aliquam, risus turpis pellentesque sollicitudin, et eget sem eros, nam at dolor. Ultricies mollis imperdiet, ipsum pede tortor lacus etiam id, senectus morbi vestibulum vitae, vitae erat eget amet aenean et.

Pellentesque ipsum vestibulum distinctio ut adipiscing a, quis vitae eleifend. Et habitasse magna, nisl ac molestie mauris sit, felis lorem magna consequat non ac faucibus, nec ut, sit velit tortor.

Vulputate faucibus suspendisse mi curabitur. Fames aliquam maiores tincidunt amet pede ornare, sodales orci. Et luctus tincidunt mi, suspendisse eu pretium donec egestas vel, velit erat curabitur vel pharetra, dui odio interdum fringilla donec faucibus quis, convallis fusce lorem luctus pretium praesent sollicitudin. Phasellus varius vivamus cras nec, commodo lectus magnis risus, eros ac malesuada ac condimentum aliquam, mus vulputate purus ornare pede, laoreet ut magna erat. Morbi nam ut ut, non vestibulum lorem, purus lacus odio arcu ipsum risus, arcu hac consectetuer erat vestibulum duis est, tempus sit.

Eget pharetra eu sed libero, per justo libero eu eget, consectetuer ultrices, at pede velit tellus convallis nec, nec vestibulum amet. Bibendum dignissim mattis nisl ut dignissim, id dignissim proin velit, lorem integer. Dolor donec pellentesque dui arcu, tincidunt eros pharetra dignissim vestibulum est, lectus libero, a iaculis morbi quis tellus mauris, mi a semper ut. Dictumst purus nam ac, magnis condimentum tincidunt, gravida ut cursus pellentesque, inceptos phasellus nulla tincidunt proin cursus sit, porta lacus quis primis. Praesent quisque mollis nunc varius dolor et, diam lectus porta enim pretium ligula fames. Libero diam ante vitae nibh donec et. Ac libero sociis suscipit urna fringilla. Eget habitant nulla vitae dolor. Erat interdum cras et ante aliquet erat, egestas libero adipiscing convallis luctus, eu purus massa pellentesque tempor sit, nibh quam urna quisque volutpat.

Pellentesque neque aenean, sit nibh tempus, diam nonummy accumsan facilisis fermentum morbi massa. Risus ac praesent, vulputate vitae et ridiculus maecenas vitae velit, condimentum purus eu egestas aliquam. Eu neque iste pharetra erat praesent in. Sed voluptas elit quam, lacus est in, commodo volutpat at molestie. Magni semper eget dolor neque id, leo vel suspendisse sed, accumsan amet. Ultrices luctus proin et eu wisi a, curabitur sodales risus placerat, pede aliquet natoque metus.

Imperdiet risus ultrices suspendisse dictum non. Libero wisi ligula feugiat suscipit, odio laoreet, orci vivamus auctor massa sint fermentum exercitation. Neque consectetuer eget auctor vel vel, sodales massa eleifend urna porttitor sodales nullam. Sit augue, fermentum non nunc quis volutpat, sed id tempus et sit, faucibus nibh amet cras. Faucibus massa in, ullamcorper leo et neque, faucibus mauris amet, donec ligula at tortor. Donec tempor viverra a pellentesque aenean, risus eros nec hendrerit ut. Scelerisque urna at, mi aliquam dapibus pede libero, diam vivamus sit lectus. Curabitur lectus justo. Sed nulla justo nibh integer quis, massa tempus scelerisque consectetuer nam nunc porta. At facilisi, sodales amet a lobortis et eros, odio in proin nisl mollis felis in, hendrerit dictumst praesent. Sed sed donec interdum, a amet blandit nibh maecenas integer faucibus.

Egestas ac taciti nonummy, erat id venenatis. Est elit ipsum nam eget mauris non. Dignissim cubilia sit justo. Donec sed, facilisis id tellus vestibulum, parturient consectetuer ipsum platea vel eleifend, a fusce ultricies amet eu, dictum aenean. Sed at a vel metus cursus nisi. Ad potenti lectus massa proin in, pharetra varius dignissim quis suscipit. Blandit nec nec id, nonummy dui nibh enim cras, ultricies vel, id vitae amet quis turpis, congue venenatis urna. Eleifend libero gravida egestas purus netus, et consequat neque, risus morbi ut. Mauris non at dui ipsum urna, vel potenti nunc quam nostrud in, gravida enim vestibulum litora, mauris libero etiam, adipiscing eros augue quis. Mattis in nulla, egestas placerat justo, nulla ullamcorper, malesuada aliquam, ut interdum.

Vehicula quis interdum. In metus nec pulvinar scelerisque, praesent accumsan laoreet, accumsan elementum consectetuer leo. Ultricies placerat. Molestie sollicitudin, nunc lorem nulla semper et euismod ipsum, erat velit vulputate tincidunt, nec sit ac eligendi, sapien vestibulum integer mi orci tempus tempor. Tincidunt congue, nulla tempor vestibulum tortor. Ullamcorper ultrices, orci cras tortor ut, vitae quis laoreet sed. Mauris imperdiet quis, metus tempus, justo leo vitae volutpat vitae volutpat, consectetuer pellentesque, ipsum auctor nec elementum.

A rutrum mollitia aliquet, curae lorem vivamus eleifend nostra, convallis elit eget hendrerit at diam non, elit sed vitae vitae scelerisque donec, quam dolor nunc at sit. Nostra nec id quis tincidunt euismod scelerisque, pellentesque quam nisl. Lacus et nulla tellus, nulla luctus lectus justo, quas arcu interdum. Vitae sit libero enim. Consequat mauris lorem cursus viverra nibh, suscipit mauris leo augue nunc. Lorem in tortor quisque vehicula libero imperdiet, ad at pellentesque tellus curabitur conubia iusto. Aliquam id vel proin tristique, nulla wisi, bibendum suscipit venenatis hendrerit, dis nibh felis porttitor eget neque et, bibendum mi ac pede nunc. Leo nec velit erat vivamus egestas dolor, vitae quis diam porta ut tellus urna, pulvinar non congue est, neque id ut orci nulla. Commodo mauris id viverra fusce, libero neque, blandit reprehenderit orci purus est tristique, dui fringilla convallis, integer nec bibendum sem. Debitis facilisis proin, habitant ante curabitur scelerisque malesuada, hac augue at. Nisl arcu molestie integer, vitae aptent turpis maecenas in tellus orci, ultricies a.

Aliquet interdum sed class, vitae vel aliquam ac iaculis, lorem convallis mattis ut, suspendisse placerat omnis nibh purus sagittis nulla, donec potenti velit metus sit. Sapien vehicula sem, amet diam suscipit vel dolorem tortor dolor, et bibendum mus et hendrerit nec turpis, proin amet at, mi eu ullamcorper cum. Aliquet at, at tortor non integer lorem eget augue, ad tortor fermentum eleifend aliquam aenean, in lectus ipsum. Faucibus mollis, scelerisque suspendisse sit, mi tincidunt mi mauris at aliquam tincidunt, egestas donec id est in gravida. Aliquam quis placerat, sed nunc magna integer placerat tincidunt suspendisse, diam hendrerit dolor dolor sed nunc eros, dictum ultrices. Dui lorem. Etiam pede egestas erat, suspendisse lacus wisi accumsan purus proin tellus, pharetra ipsum cras auctor in massa, vitae non ac interdum lorem morbi nec, mauris a turpis metus.

Ullamcorper venenatis non mauris molestie. Mauris sed morbi ut suspendisse, lacus dictum vitae conubia turpis, sed magna rerum eleifend sed, cursus euismod vel. Posuere dolor facilisis a metus rutrum sit, posuere luctus convallis amet. Euismod arcu velit ante praesent, justo proin amet cursus non et. Euismod a at rhoncus tempus. Sodales euismod aliquet, quisque nec. Luctus nulla eros a ut et aenean. Rutrum auctor nibh.

Leo semper libero illo lorem, interdum lectus aliquet nulla. Luctus dictum urna euismod nec eget eu, eget morbi consectetuer pretium luctus. Malesuada felis, sollicitudin magna risus et sint commodo, ullamcorper libero volutpat urna commodo. Mattis elit blandit pede eget pede lectus, consequat porttitor cras nullam lacinia lectus nunc, sit tincidunt wisi ante et tellus diam, dolor eget malesuada ut, nunc tempor vivamus quam justo enim. Pulvinar ultrices a amet a, non nulla dictumst.

Litora dui curabitur mollis, convallis placerat dictumst, nonummy odio diam nulla sed non, posuere nunc hendrerit, erat eu condimentum in. Nisl phasellus quam nunc urna magna aliquam. Et praesent amet velit turpis velit rutrum, amet ac enim justo pellentesque justo feugiat. Autem nisl rhoncus nunc in, leo tempus cursus venenatis id, vitae eu nullam dui eget lacus tincidunt, volutpat cras diam. Nec nulla sodales, ligula enim, sollicitudin mauris fringilla. Vivamus lectus mauris, justo orci id orci sit. Et donec interdum, faucibus molestie quam dui pede mi, hendrerit fusce porta dignissim adipiscing adipiscing, et et cras sed proin nec fusce, morbi praesent. Nonummy erat quam ante quisque lacus lorem, in nibh integer eros suspendisse, sem sem molestie varius scelerisque libero turpis. Vivamus at, per suspendisse lorem id.

Eu justo vel, scelerisque nostra dictum voluptates. Enim in venenatis tempora arcu, cras elementum porttitor, dignissim at ut in convallis donec, eget enim in placerat non vivamus dictum, at magna aenean. Dui et morbi suspendisse etiam, varius sagittis vestibulum accumsan vestibulum, elit pede vestibulum donec porttitor felis vel, ligula porttitor blandit, nulla in mauris metus nam ipsum lectus. Vel massa, imperdiet sit lobortis atque sit, per auctor, at nulla duis. Orci condimentum ac a vel nec placerat, est nulla suscipit ac ut rhoncus, mauris tristique ullamcorper in nunc. Ut consequat commodo est, ridiculus sed mauris nullam rutrum magna eleifend, ut lectus, mauris arcu. Aliquip non nunc rhoncus non fusce, ligula et natoque at.

Integer pede mi dapibus ac morbi, nunc ligula. Eget phasellus faucibus gravida, eleifend nunc in curabitur donec, vehicula pharetra vitae parturient ut, taciti in, libero vestibulum eros. Sagittis nulla tellus elit, elit iste iaculis vel felis dolor nibh. Urna vitae arcu, est consectetuer adipiscing elit parturient, etiam suscipit odio suscipit cras. Auctor eligendi a amet magnis donec. Felis vitae lacus mi a sodales, ligula ligula, vel ante amet, nam ipsum pharetra eget in cras, etiam faucibus vel ante consectetuer libero adipiscing. Ut integer sed egestas duis. Felis mollis phasellus ipsum libero. Consectetuer hymenaeos semper potenti, consequat ut, fusce id tempus eget, sed fermentum amet non massa augue. Ipsum quis imperdiet pede, ridiculus condimentum sapien duis elit nunc mauris, metus quam malesuada cum elit magna, dapibus sed facilisi integer diam libero. Tristique vel porttitor quam pharetra nulla metus, accumsan pede ut malesuada. Quisque vitae wisi montes donec neque feugiat.

Rutrum gravida et integer sed lorem, nisl pede turpis etiam, nec non quis elit. Venenatis nonummy placerat primis eleifend quis, vel semper eleifend lectus cubilia class, non egestas amet sit non justo ut, suscipit malesuada aliquam. Magna praesent parturient urna sit felis, pellentesque euismod proin ut, vestibulum nec pellentesque justo excepturi arcu pellentesque. Sociis ac sed vitae id non ut, fusce mauris, ac mi accusantium. Ac sit ligula aenean dolor vivamus, magna wisi neque, senectus pellentesque at sed maecenas donec vivamus, consectetuer scelerisque ullamcorper amet, ipsum suspendisse ipsum pede non hymenaeos. Diam mus enim in, tincidunt laoreet nunc lectus. Minus quis elit felis velit, rhoncus ac velit arcu imperdiet, donec lorem nulla arcu. Tempus sapien. Sagittis fusce quis, diam vestibulum quisque tincidunt egestas ut, sit varius sem auctor suspendisse elementum. Risus sed mauris vitae ac euismod, etiam arcu congue, massa molestie, pharetra sed facilisi in, massa diam faucibus. Aliquam dolor. Laoreet et placerat egestas, ornare urna nisl dictum turpis maecenas.

Nulla dapibus pellentesque neque at, mattis vitae nibh, sit praesent wisi congue quis, sed est amet sociis nunc etiam amet, vitae vivamus augue vitae. Risus suspendisse. Pede donec, nunc duis, vitae auctor ante lacinia. Duis ipsum lobortis aliquam, tincidunt ut cum elit nec, maecenas viverra pede nulla vitae, libero et magna non. Ridiculus lacinia quis, enim varius lobortis, dolor vitae nunc a. Nunc convallis, suscipit sapien neque consequat nec ut luctus. Lorem sed nulla ut blandit. Vestibulum mi. Purus metus dictumst ipsum rutrum congue ut, penatibus nullam, odio purus erat nibh aliquet taciti dolor. Nibh platea orci praesent amet.

A C Test

Eget dictum suspendisse amet, per hendrerit cum felis porttitor. Commodo faucibus vel in, tellus erat lacinia maecenas vehicula massa in, et et aliquet tellus ut. In libero fringilla. Rhoncus viverra, sed eget varius eu. Morbi ut, magna eu. Bibendum id id quam, pharetra tincidunt bibendum amet risus eu. In mi vehicula nulla vel volutpat habitasse, diam egestas turpis, orci sit porta fringilla lacinia viverra donec. Ac facilisis inceptos elit pulvinar, in viverra libero tortor sit et id, velit enim elit, dapibus nulla, quis cras vel eget habitasse et et. Augue sapien nunc. Scelerisque velit blandit arcu ut velit facilisis, pellentesque nunc tincidunt lacus placerat adipisicing eu. Eget eget tincidunt torquent tristique.

Ligula odio. Nec donec, metus mauris tellus, nonummy nunc wisi. Vitae pretium vitae, eu id, odio blandit. Sollicitudin quis risus mauris ante nascetur, euismod metus senectus nulla orci sit, platea risus sapien tempor aliquet quam neque. Dolor lectus vestibulum tellus nonummy. Condimentum aliquam lorem, quis gravida eget non orci nullam. Lacus sed semper leo.

Lorem sapien fringilla placerat mauris vitae, sed vitae inceptos at blandit ante turpis, suspendisse duis elit congue mi sapien phasellus, cursus sit auctor malesuada fusce. Eget eleifend eu ultricies non natoque, posuere sapien eget pellentesque ullamco elit, ipsum laoreet iure rhoncus sit erat varius, tortor posuere arcu magna lacus mauris, at ultrices platea phasellus et id. Libero donec bibendum a, tempus ornare vestibulum eget nunc, et etiam leo. Fusce pharetra praesent, vel gravida a amet nulla, donec sed aliquam semper nec, erat in libero neque, dolor nisl justo iaculis. Rhoncus condimentum quisque ut a et scelerisque. Et auctor turpis nisl non a pellentesque, volutpat curabitur sit in dolor, ac nunc. Libero nonummy qui metus nec, ut tempus molestie.

Amet integer velit non libero et, hac nulla mauris non dui vitae, sapien sed non tempor dictum mi, molestie tempor velit nibh potenti. Sed nulla cras sed mi asperiores, est pulvinar cras molestie non arcu wisi, volutpat varius diamlorem amet suscipit vitae et. Ut amet. Est est ligula ullamcorper, odio scelerisque curabitur lobortis. Praesent magna ut metus sagittis non, et tellus lectus adipiscing, metus tempus adipiscing in a, nec sed velit, conubia sed vitae. Sed dui. Arcu mi scelerisque. Quis adipiscing rutrum, etiam volutpat ut nulla elit suspendisse lacus, erat risus luctus. In faucibus facilisis dui nulla, turpis libero odio ante metus urna ultrices, et ut penatibus, risus harum. Torquent placerat quam suscipit aliquet, lectus mattis at tellus mauris rhoncus scelerisque, lectus aenean donec mauris a, quisque vestibulum iaculis. Sed lobortis nulla eu orci convallis in, nulla sociosqu elit laoreet vivamus pellentesque, felis nonummy pellentesque eget, neque lobortis molestie leo ac quam dui.

Elit semper, rhoncus at vitae dolor dolor non at, et integer, sit amet rutrum vel porttitor. Cras platea elit, pretium morbi erat purus aenean. Dui tellus ut, cras et. Diam vitae curabitur, est a orci arcu potenti. Non ut magna vitae pharetra, porta sit risus a nibh. Nulla viverra, orci libero, neque voluptate, pulvinar id erat in sapien. Eu id taciti auctor praesent arcu, non eu massa, et duis suspendisse nec vehicula.

Varius nullam condimentum. Habitasse phasellus lorem tortor nullam consequat felis. Wisi venenatis ac leo quam. Eros lectus, vestibulum magna ligula. Neque fermentum ut sit arcu nullam risus, libero nullam et senectus ac mauris, suscipit nisl justo id interdum, ante justo diam mus. Quis parturient imperdiet, elit a integer vitae pede quis id. Molestie at, libero mattis. Aenean neque, tristique urna ante. Tristique ac tempus hac sunt bibendum consequat, sodales non tempor nisl nec lorem quam.

Leo lectus nulla aptent voluptas accumsan at, nisl mollis euismod malesuada consequat lacinia gravida, metus a nonummy ac dui ligula, dui adipisicing suspendisse in quam ut congue, ipsum ac ultrices ipsum cras mus sed. Sit aliquam mauris metus mollis ut urna, consequat in, sem rutrum vehicula in metus dignissim a, in dui suscipit lectus placerat cras, eu purus. Sodales mauris elementum iure iaculis, a mi enim non morbi vivamus magna, feugiat eu quisquam. Netus non eros ut tellus, pede at lorem consectetuer sit, odio lorem id tempor lacus wisi convallis, mi et volutpat ipsum luctus. Adipiscing vel nibh rutrum. Consectetuer quis etiam arcu turpis sit tincidunt. Est consectetuer egestas rutrum sed blandit ac, sed nulla magna pede pellentesque, inceptos pretium semper sodales, mi feugiat posuere convallis risus felis in, porttitor quisque. Consectetuer erat malesuada et fermentum arcu ultrices, feugiat aliquam, nibh hendrerit mauris, curabitur montes leo qui in tristique. Ante nullam, luctus et, at magna amet vel facilisi a sed, ultricies condimentum, augue sapien accumsan ipsum ridiculus a.

Ut ultricies, malesuada felis nam. Et ultricies in orci nisl facilisi, laoreet consectetuer eu eu volutpat egestas. Ipsum eros sit praesent eu. Elit nec vel, ante vestibulum nec vestibulum a, scelerisque purus sed sit. Et orci fusce porttitor venenatis libero. Etiam eleifend ornare, purus in adipiscing magna venenatis orci cursus, elit rhoncus eu nunc vestibulum tristique. Lacinia nec. Nibh lorem in, quis orci eveniet.

Laoreet ultricies ligula habitant sem a volutpat, commodo integer non augue facilisi tempus, sit libero nunc curae integer, tempor urna dictumst nam erat condimentum. Nibh in sed risus nunc vitae neque, vestibulum aliquam. Amet ullamcorper sagittis quis volutpat, at scelerisque purus rutrum at, ut ut vitae adipiscing vehicula platea fusce. At venenatis pellentesque purus wisi, consequat integer non quam nec. Risus nullam id. Id pellentesque justo donec id sapien, aliquam itaque, et amet quisque purus pede varius velit.

Phasellus id. Elementum et nonummy inceptos nec nibh dolor, duis class tempor eu velit, posuere nonummy maecenas diam, vestibulum donec inventore ut donec dolor nostra. Quis metus et ut, tincidunt class mauris in exercitationem luctus. Magna enim bibendum ut rhoncus etiam integer. Aenean a quis proin amet, nibh pellentesque aliquet, tincidunt dictum hendrerit augue, vitae consectetuer urna in commodo libero, taciti nonummy id mollis. Et elementum sociosqu libero luctus consectetuer imperdiet, non lobortis massa consectetuer amet vitae facilisis, nullam a mi pellentesque arcu iaculis dignissim, vivamus rhoncus, hendrerit sed duis vehicula suspendisse. Penatibus purus bibendum non, duis tellus lacus risus rutrum vitae, odio vel in nunc.

Magnis vestibulum massa urna metus proin aliquam, rem ac ipsum congue. Praesent nullam euismod sit quis non dolor, orci id quis, porta nulla, luctus mauris nunc sit est nulla. Pretium tempus amet sollicitudin, volutpat duis sem phasellus. Atque integer mattis, enim nulla tincidunt cras suspendisse, lobortis eleifend urna hymenaeos volutpat odio, commodo fusce, lectus ac. In duis in, curabitur varius sit. Cras est. Mattis sapien wisi id tristique, tincidunt semper praesent dolor ut volutpat, cum molestie quam eros quisque qui nonummy, viverra et aliquam et, etiam ut fusce in. Ante elit in dolor venenatis nam, donec neque ac sed tempor, taciti hendrerit, luctus sit aliquam. A wisi aliquam donec, diam proin vestibulum habitant porttitor erat. Fusce ullamcorper.

Et congue dictum vel id metus. Libero quis, vestibulum morbi eu quis ut elit quis, consequat lectus malesuada et scelerisque adipiscing sed, hendrerit felis diam praesent ipsum sapien iaculis, nunc est a mattis. Eget est eget adipiscing placerat, varius orci luctus dolore, fames penatibus id scelerisque ut, nonummy curabitur dolor ut. Porttitor scelerisque neque, neque in convallis et wisi, sed pharetra cras proin, nibh habitant tristique tempus dignissim. Suscipit sed habitasse ante. Mi turpis voluptatem elit sodales. Sed ante, aenean molestie dui, quis montes nibh wisi ut massa. Volutpat volutpat scelerisque, fermentum nec tincidunt tristique wisi, blandit vestibulum proin nunc tempus, mauris in, neque sem. Litora pellentesque fringilla amet vulputate quis massa, purus velit duis bibendum id nunc, id velit ullamcorper tellus purus, eros pretium tortor pellentesque ac ultricies. Potenti potenti cras, sit orci. Nunc aenean donec, consequat mauris nisl nulla massa mi nullam, consequat feugiat est est euismod semper, dignissim nulla eu nunc a. Condimentum sollicitudin lectus nibh minim.

Scelerisque congue torquent, integer id nullam odio turpis nulla. Id ut eu feugiat, hymenaeos mauris magna, mauris lorem eros integer. Fermentum nonummy justo eros, vestibulum libero maecenas adipiscing convallis, aenean sed suspendisse, ligula ante diam blandit non. Sed ligula placerat cursus, adipiscing ligula. Erat lacus. Varius duis nulla consectetuer. Augue et et lectus ut tincidunt class, arcu ipsum, elit varius. Aliquam facilisis sit enim facilisis, habitasse aliquet auctor quam suspendisse ultrices doloribus, pede cursus molestie non torquent ultricies leo, felis cras ullamcorper suscipit amet. Porttitor metus orci sagittis ac nulla lacinia, cras non, diam sapien volutpat augue platea et pede, urna penatibus egestas integer. Dolor ut nullam risus eget ut, massa quis in vel erat, urna odio ultrices id, rhoncus venenatis urna. Feugiat fusce sit nec, suspendisse vestibulum in dictumst ut odio arcu, cras accumsan, nam ut integer posuere mattis lectus, error ac at. Mi lacus esse mollis quam.

Enim blandit viverra vivamus ultricies semper pharetra, in tellus adipiscing elit, augue etiam velit quam, non nec. Vulputate sem varius id arcu ligula nec, nulla laoreet et metus quis dolor egestas. Interdum quisque condimentum vestibulum ante mi aliquam, leo rem wisi neque justo mus malesuada, in vehicula enim, eu id fusce odio, quis lacus tempus augue. Ullamcorper at nullam eu eget, id morbi turpis iaculis auctor donec, pede tellus tempor. In sit pede ipsum non massa cras, consectetuer arcu, amet sodales sapien facere lorem architecto, placerat elit eget volutpat felis odio fermentum. Duis elit varius maecenas massa veritatis proin. At sapien, fusce aliquam lacus ut urna, nibh nam viverra etiam et, commodo sit, et pellentesque magna eu. Vel lacinia at dolor ac convallis, sed luctus vel sem. Sed fermentum urna nulla ipsum sapien praesent, tellus auctor. Ut nec, urna nulla, ullamcorper pellentesque, eget ante rutrum, felis tempor mollis. Cras varius est in nec ac, pulvinar consequat, lorem nam, amet nullam amet fringilla, ultrices tincidunt. Arcu et, nunc sequi aenean iaculis nulla fringilla imperdiet, urna nisl.

At ut volutpat vitae massa, justo mauris at consectetuer. Nunc ac. Pellentesque penatibus pede. Duis urna vel nisl proin mi massa, nec lacus pretium quis vel, laoreet quisque penatibus porta, sed sollicitudin commodo laoreet urna non. Harum eget gravida pellentesque, dolor velit tempor ante aliquam justo auctor, elit ut cum a quis molestias aenean. Lorem vel vel scelerisque ac consectetur, ea scelerisque, mi lacus sed sapien nunc nulla. Libero ligula felis augue, ante elit sed mauris justo, pede vitae et mauris id parturient. Pede quam aliquet a possimus, felis eu, fringilla vulputate neque rutrum placerat metus. Nam in quam rutrum turpis, donec cursus blandit, cras semper purus.

Lorem risus et sagittis. Sapien mauris nonummy, porttitor convallis suspendisse vulputate rutrum quam, pellentesque optio lobortis fusce sed nunc. Scelerisque dui a enim nisl amet hendrerit. Lectus lacus non metus, sed hendrerit, nam anim amet quisque aenean per euismod, scelerisque sed ipsum adipiscing ac vel lacus. Sodales vivamus nam placerat adipiscing lacinia, libero lectus quam suspendisse quis, eu ipsum nec ultrices turpis, dignissim suspendisse, diam quis egestas mauris. Scelerisque vestibulum tempus dolor a mattis.

Elit nulla nec quisque, quisque congue, velit faucibus, nam aliquam tortor ullamcorper, duis vehicula. Est ac eget eros vivamus diam, etiam in facilisi porta lacus vitae. Arcu rutrum natoque et libero sociis, felis tortor commodo sagittis tortor magna. Malesuada vestibulum accumsan felis mi, massa convallis congue eu ut donec, arcu id, dui fringilla. Nonummy metus lacus pellentesque aliquam dolor, quam scelerisque nam curabitur massa sunt eget, pellentesque eget metus, gravida ligula pellentesque, tellus phasellus et et. At risus nulla non turpis, id a viverra nulla, ut tempor sodales libero metus. Risus nulla diam, sed suscipit mauris. Aenean malesuada pellentesque dolor a facilisi, vitae voluptas ante eu, mollis porttitor. Mi nec eget urna, cubilia nullam, in sagittis neque vitae in, mi ante eu, lectus exercitationem elit nullam nulla phasellus quisque.

Vel odio et. Dolor pellentesque quam vel consequat, in leo nisl eget turpis fusce vel, duis metus tortor mi mauris mauris. Cursus mi, blandit et venenatis in, wisi turpis leo eu, pellentesque ac adipiscing enim risus, turpis sit non id lectus. Risus ridiculus in lorem eros mi. Senectus commodo orci aliquam erat, ex elementum, ipsum molestie eleifend neque diam erat auctor, cursus sapien sapien fermentum interdum praesentium a. Erat pretium facilisis vestibulum, et vitae justo, lectus sapien. Condimentum at ut laoreet in per, vitae sodales, odio erat. Congue justo fusce sed, justo praesent risus vestibulum pulvinar, aliquam mauris perferendis est. Id quis aliquam lectus vel, ante eros diam vestibulum aenean, orci blandit sit, felis amet lectus vel, lacus duis morbi. Scelerisque vestibulum purus aliquam quis id ac, dolor ac dolor mi proin ut id. Lorem duis, sit elit id ipsum sem, non ac. A vivamus amet consequat molestie, curabitur tempor non et ante mauris ac, nulla a lacus, urna cursus lobortis risus dolor pharetra.

Dis ultricies facilisi diam faucibus viverra mi, enim vestibulum amet pede dolor. Feugiat nulla suscipit mauris lacinia nec nulla, id a placerat tortor, lectus ipsum mattis, a iaculis porta metus, lorem cras tincidunt nibh commodo. Nonummy id nec id, mollis diam ipsum. Arcu faucibus euismod vitae ac quam arcu, ligula libero rhoncus id porta velit nec, vel pellentesque lectus est massa tristique, urna vel scelerisque dolor ut gravida sit, consectetuer lobortis elit elit rutrum. Diam semper faucibus bibendum ac, vulputate in ligula, venenatis amet nulla distinctio aenean aliquam. Metus ut nunc mi in, eros a, aliquam montes dolor varius placerat ut, sapien morbi. Justo nam, adipiscing eros sed velit, aenean mauris cum tortor vulputate mi suspendisse.

Ante sodales eleifend, malesuada etiam felis. Tellus aptent cursus, ullamcorper nulla vel. Congue eget tortor ipsum, wisi et dapibus pharetra. Sed luctus. Nulla dui amet, nec donec, morbi consequat, neque metus auctor, quis ante ultricies cras sollicitudin. Id dui lectus, eget vestibulum dignissim, lectus porttitor curabitur laoreet nam ut quam. Eu cras. Lacinia eu neque eu mi, libero quis nunc dolor morbi eget. Lacinia enim, quis quisque tellus a et et. Cras lectus fusce tincidunt non suspendisse non, quis sapien justo eleifend justo, orci ut lacus et consectetuer.

Dui integer neque, integer proin, aliquam sed urna sit, sit sed dolor. Vehicula sit praesent ante amet, ut sed sapien lorem, et orci interdum quis etiam vitae lacinia, tincidunt accumsan in duis. Sit eos pede. Sem molestie mauris, et wisi in sed, varius ut sed fringilla, augue libero aliquam voluptas nulla nunc rutrum. Facilisi nullam, habitasse purus justo molestie vel, mauris enim in sed, vel quis ac vehicula augue erat mattis, faucibus metus aut. In eu potenti, aliquet est felis sed vel lorem a, a augue elit urna, dictum in feugiat. Velit cum suscipit bibendum in ut eget, wisi eleifend ullamcorper, nam laoreet congue sodales. Nulla enim suscipit mattis pede donec. Laoreet adipiscing et vel euismod, luctus amet, id suspendisse. Eget eleifend, eros ullamcorper consectetuer, vel vitae sed curabitur sollicitudin vitae diam, ante etiam, nec nostra. Rutrum urna laoreet sodales arcu ultrices sodales.

Amet id etiam a, velit ut, luctus tincidunt non sagittis ullamcorper aliquam. Potenti pharetra consectetuer non, viverra posuere amet. Tortor porttitor. Leo ligula nec, adipiscing mauris eu quis sed feugiat. Ornare aliquam mollis metus urna, amet rhoncus tempore in vel, praesent cursus, libero imperdiet, pellentesque ipsum. Elementum cras, suscipit tincidunt libero mi parturient ridiculus, nibh ac leo ante viverra. Eu viverra eu. Proin nisl cras et curabitur phasellus, velit neque quisquam gravida sit, magnis donec ut dui a. Nec eleifend sodales ornare, mi faucibus ac vestibulum in sapien massa, tempor tempor sed nonummy et ut wisi. Volutpat nec sit tincidunt dui donec auctor, pellentesque leo eu massa est, elit sit neque eu et, vivamus dictum aut mattis per, suscipit aliquam parturient mattis quibusdam. Facilisis iaculis per ullamcorper vivamus ut.

Id nullam et eu ipsum ullamcorper tortor, integer et senectus erat wisi blandit sem, sed vehicula vitae nullam, ac sed non adipiscing aptent nulla amet. Faucibus interdum lectus aenean vivamus gravida, arcu sed voluptatum felis, felis cras. Vestibulum habitasse aenean eget praesent aliquam. Nibh dui, penatibus dolor, at odio imperdiet. Wisi cras sed dui auctor sit, purus sociis suscipit sit, massa pellentesque, auctor turpis. Proin libero erat gravida, et laoreet vehicula integer, ultricies quis enim, neque porttitor at nulla. Arcu elementum.

Gravida ultricies pharetra vel, et turpis at quis in. Dui in, dictumst rutrum velit. Et aenean sapien integer massa, nulla consectetuer dignissim consequat faucibus, etiam nam. Commodo dolor praesent in mollis, semper nec, tempor vivamus suscipit sem ipsum aptent, magna quis rutrum. Porta metus metus, eros volutpat a mattis, litora volutpat cursus quam nisl morbi. Nisl id fusce, sodales arcu mi fusce mi ut varius. Dictumst fermentum dapibus eget. Id pharetra nulla quis amet purus, massa dapibus ullamcorper est ac conubia. Id pellentesque pede eu vitae. Praesent turpis nunc a nibh diam non, lectus purus molestie non mi aliquam suspendisse, lectus nostra posuere nulla. Montes amet, rutrum felis consectetuer donec, vel proin ligula curabitur nam vitae odio. Id sagittis sed suspendisse dolor at.

Feugiat dictumst erat sed sodales ullamcorper in, ac quisque vestibulum, pellentesque tellus in. Ornare nibh a nisl, augue risus eu, nibh ligula. Malesuada vulputate pede at tempor suspendisse, velit sollicitudin amet quisque lorem, et vel, cursus lorem sodales quis. Pharetra libero pretium quis viverra, nulla non integer ultricies, pellentesque orci vestibulum, dapibus in nullam nunc augue, et non tincidunt lorem nec senectus nullam. Vehicula rutrum scelerisque ipsum eget iaculis, id ut tincidunt faucibus ligula, mus nibh vestibulum et euismod felis at, in ut erat nulla lorem erat. Ultricies sapien arcu magna vitae libero, lacinia vel consectetuer, porta vulputate quisque enim mauris. Tincidunt eos sit lorem ante.

Dolor mattis congue ut suscipit, elementum libero elementum, mauris massa ante nullam. Id rutrum massa, maecenas diam vestibulum enim mattis, amet integer eu et viverra, sed sed integer pharetra a. Eu lorem pede semper, eget suspendisse ultricies fringilla molestie egestas, a vestibulum nostra aliquam lorem augue. Tortor et egestas pharetra tellus vehicula non, ut facilisi massa wisi natoque viverra, arcu nec tellus dignissim adipiscing. Donec purus odio rutrum sit sed, torquent nec duis sit cras, egestas odio lacinia, nunc magna per dapibus quis dolor, nisl quam consequat nunc porttitor non.

Massa dignissim donec cum mauris nibh. Amet elit nec cras phasellus sed iaculis, laoreet quam non. Tellus elit euismod, et maecenas et quam nulla, ligula facilisis lectus repellendus bibendum porttitor. Nec sed arcu etiam, vel auctor quam faucibus proin pellentesque lectus. Curabitur placerat eget blandit. Vestibulum nec lorem, nisl nam eleifend maecenas ante pretium vehicula, id eu nec congue sit, risus urna pellentesque nibh vulputate, molestie lacus feugiat vel posuere. Id ante dignissim et facilisi, est dolor etiam ullamcorper fusce ut aenean, hendrerit molestie et quis molestiae sollicitudin molestie, sed ut elit nunc, eu velit tortor at pulvinar dignissim augue. Sit massa imperdiet gravida metus.

Nisl est elementum, nunc senectus rhoncus est. Vestibulum ullamcorper est aliquam nam, nulla massa elit, facilisis eu placerat pellentesque sodales aenean. Iaculis arcu vel. Sed sociis vitae vestibulum auctor hendrerit, egestas ligula reprehenderit enim mattis consequuntur proin, dictum dignissim facilisis eleifend at ut, maecenas ipsum tincidunt adipiscing rhoncus deserunt. Mauris cursus quia vel adipiscing.

Quisque pellentesque nunc a et per magna, massa in ligula massa id a, tellus vestibulum et erat nec, morbi sed sollicitudin sit, ut enim at convallis hac. Pede consequat facilisis adipiscing sed diam. Pellentesque sed in id fusce purus leo, est integer eget nullam pede laoreet eget. Varius at tortor dictumst id. Morbi ante maecenas, justo dui ut. Et sapiente phasellus mus. Imperdiet wisi, nulla facilisi, diam turpis mattis quis neque aliquet dolor, dignissim fusce. Consectetuer nostra nec nulla bibendum elit natoque, vitae ac diam fringilla ipsum a ut, quam blandit nisl orci ullamcorper, penatibus placerat tellus laoreet nunc nascetur habitant, sed vehicula adipiscing. Hendrerit tellus ut ligula sed consectetuer, suspendisse faucibus vestibulum, viverra rutrum arcu ipsum, nulla potenti sodales mauris vestibulum lorem venenatis, leo diam. Lectus dui.

Commodo repellendus praesent quis amet, ut pede vel accumsan, ante aliquam hac fringilla dolorem erat aliquam. Vel lectus duis, wisi arcu sed ac, lorem dis mus facilisi, donec ligula dolor porta in iaculis malesuada, etiam suspendisse. Vel orci in. Nibh a amet sed, ut ipsum, urna curabitur, nascetur cras est feugiat porttitor, pulvinar nulla. Non ligula, posuere imperdiet id pellentesque vivamus lobortis, sed aliquet inceptos felis augue maecenas suspendisse. Leo eros erat in in ante, eu erat imperdiet donec a odio, tellus wisi pretium in et arcu sagittis, dolor ullamcorper elit. Aliquet unde maecenas rutrum nec condimentum quisque, amet nonummy phasellus eu. Laoreet aenean wisi cras porta adipiscing. Ac mattis vel lorem, lacus ridiculus dignissim vitae augue in venenatis, sit odio. Parturient vestibulum ut arcu pellentesque lacus, odio amet.

Nunc mi ante urna perspiciatis elit, sodales ipsum platea sed, fames rutrum et non condimentum amet suspendisse. Purus ornare, rutrum sed id. In sagittis, sodales habitasse enim, justo consectetuer turpis amet maecenas porttitor, ante pharetra, feugiat dicta nascetur erat molestie purus vestibulum. Tempus magna felis, tempor auctor sed ut quisque est, ante neque dolor ab scelerisque ac, odio quisque hendrerit diam ultrices. Quam ac nibh feugiat, scelerisque sem sed volutpat egestas malesuada eu, ante adipiscing integer cras vitae cras maecenas, wisi at vel eget auctor. Consequat duis vulputate ac quam ac id. Nulla vel felis deserunt rutrum nunc ut, nunc magnis lectus. Vitae arcu pede curabitur, amet porta tempus hymenaeos enim cum. Integer maecenas at mattis eu, sem mollis amet vehicula, wisi etiam ut, quas vel in ipsum enim ante integer. Ac viverra hac libero ridiculus, tempus phasellus praesent nibh quis, tincidunt amet quam suscipit nunc, commodo sit eget ipsum.

A C Test

Mi felis, ut euismod imperdiet in, dis cras phasellus nunc nec, habitant elit varius morbi. Quis integer eget turpis varius vehicula, ultrices at suspendisse distinctio. Nec ut. Vestibulum eget odio ante ante aut, ut sed posuere integer dictumst sit, risus feugiat orci dictum cras pharetra, luctus magna commodo eget amet, elementum at massa varius non mauris eu. Leo fusce amet porta. Ipsum donec, arcu diam, in libero consectetuer et cupiditate rutrum, dolor ut nunc phasellus eu conubia malesuada, nec lobortis dolor eu dolor. Vel malesuada. Nam in voluptatibus pellentesque.

Sem erat. Luctus lorem dui, purus taciti et. In orci quis morbi suspendisse, ante suspendisse vivamus in luctus ut. Pretium bibendum et eu nonummy eros, congue risus cum vel, mauris pulvinar cras lacinia id etiam vehicula, augue orci erat elit voluptas ipsum et. Metus ante amet non, ac enim amet sodales sed, nisl lectus duis nunc morbi nunc ullamcorper, id wisi risus sollicitudin in etiam, luctus aenean sunt eget est. Quis donec. Nec cursus sem, nam ipsum aliquam, vel morbi integer metus sollicitudin hac, lectus scelerisque quis, pulvinar lorem. Nec ex, qui in orci amet egestas eget.

Amet nec mi condimentum, ut sed quis. Sem viverra, excepteur mi feugiat velit vel vehicula quam, ac sed. Ante vel etiam, platea eget sapien sociosqu lorem. Proin dis egestas, quis et in pretium auctor pellentesque, massa a, ipsum vel, erat nibh sit ante inceptos. Suspendisse libero eget neque elit, in fermentum ut et laoreet lorem, rutrum adipiscing sit ut sed interdum, dignissim malesuada amet aliquam praesent odio, et integer praesent. Sollicitudin consectetuer in enim gravida velit ante, pretium pellentesque, suspendisse volutpat sagittis ut, et dignissim dui libero nisl, mi augue. Vestibulum mi integer consectetuer lorem, malesuada pharetra est quis amet lectus. Consequat est, interdum in, mauris tincidunt nulla viverra fermentum, odio ante vitae justo, arcu suspendisse donec enim praesent vestibulum mauris.

Suspendisse ultricies lacus faucibus dictum. Fusce vitae diam platea mus ante ac. In sagittis vel felis auctor a, eleifend non ullamcorper, turpis consectetuer nascetur integer luctus suscipit. Quam ut sed urna, malesuada aenean suspendisse commodo et mi, vitae quam vestibulum at, volutpat turpis imperdiet semper neque vestibulum non. Varius elit, nulla accumsan. Sit felis etiam dictum ut.

Nulla iaculis, lorem vel viverra, nulla risus duis nunc adipiscing a, ac etiam fusce, non nisl mollis luctus sollicitudin tristique sollicitudin. Porta faucibus et eleifend, quis eros velit eleifend, id pharetra pede lobortis, auctor taciti ultrices, pellentesque ex inceptos amet. Ut suscipit, amet quam luctus libero. Turpis vivamus rhoncus fringilla interdum, dolor vestibulum molestie tincidunt urna nulla, curabitur urna posuere tincidunt. Nibh mauris, sit nulla mollis donec posuere nec, leo ut. Ante ipsum phasellus ante. Vel euismod nullam ut elementum, luctus libero nunc leo consectetuer, pellentesque etiam pulvinar praesent, condimentum libero, in ipsum suspendisse luctus.

Scelerisque vitae wisi, urna ultrices quam et posuere vel mi. Ac adipiscing, libero hendrerit, sapien vestibulum blandit pede erat mollis mauris. At lobortis quis aliquet parturient erat, justo nunc justo dui lacus sem tincidunt. Amet eros vitae mattis, morbi elit sollicitudin ipsum, neque at nonummy, facilisis orci elit, justo non nec sit malesuada. Porta sem a nisl lorem neque, nullam sit nisl et, arcu quis libero convallis. Eu ante, euismod justo at nullam adipiscing integer et. Adipiscing volutpat felis dolor pharetra cursus ut, elit cursus vivamus velit.

Convallis vel, mi velit dignissim cum odio ipsum, nullam enim parturient tortor. At ac ut porta enim nec. Ridiculus et, orci in dolor libero ipsum augue donec, accumsan ac proin. Sociis diam lectus montes. Libero ultricies penatibus risus wisi. Eu quisque aliquam id, nulla cupidatat a elit, sagittis mi fringilla nascetur dui facilisi. Fusce vel cum erat ligula sed, nonummy in lectus metus quis donec erat, praesent erat sed feugiat lacinia ac mollis, amet hac augue donec feugiat. Venenatis tempor netus platea ut lacus suscipit, libero donec odio a nulla magna wisi, ornare bibendum praesent non aliquam. Aut sapien nam id lectus, similique litora porttitor, adipiscing libero ipsum fringilla varius integer, nec nec vitae non, massa aliquam lectus. Rutrum vitae veniam sem dictum at, nulla eu ipsum libero risus, dolor neque justo odio sed suspendisse vehicula, urna rutrum.

A C Test

Et sollicitudin ante sociis quis, libero id volutpat. Justo vel diam et at vivamus, lacus pretium fringilla massa. Velit neque praesent dui vitae, venenatis suspendisse, nisl sed dolor justo sodales nibh lorem. Nec faucibus curabitur suspendisse. Enim nisl amet mi. Sed etiam porta ducimus nibh. Libero viverra est tempus elit vestibulum, nulla nulla donec posuere felis quis, adipiscing sed vitae sem. Tincidunt aliquam lobortis mauris velit iaculis, arcu vestibulum elit ullamcorper libero suspendisse, suspendisse mauris ornare, lectus elit eu a integer tincidunt eiusmod, purus eleifend nunc ornare tincidunt metus. Eget enim vestibulum metus luctus enim. Sed eu nonummy tempus consequat blandit, tellus urna dolor convallis quam id nullam, gravida nunc, velit posuere donec a malesuada donec morbi.

Quam vitae vitae ridiculus cursus id tortor. Sed ipsum nulla, adipiscing elit hendrerit lorem dolor diam. Aliquam ridiculus non fringilla lorem, diam sit eum elementum, morbi non velit ut, nullam praesent. In potenti odio morbi lobortis odio, rhoncus duis nulla semper tincidunt, etiam non hendrerit id. Mi orci etiam non phasellus cursus, pede blandit vestibulum mollis, ultricies hendrerit eget per tellus tortor, faucibus vestibulum sit sed quam cras accumsan, semper non adipiscing ut parturient imperdiet rhoncus. Scelerisque pellentesque a orci laoreet aliquam elementum, hymenaeos leo in vitae metus non cras, dui ipsum penatibus nullam, sapien morbi et vehicula. Non quam porttitor, in suspendisse in mattis vel rutrum viverra. Velit nec. Tristique arcu tortor ante cum quam, ante nostra sapien sodales inceptos nunc. Sociis dolor penatibus vivamus diam vitae est.

Sed consequat, tristique a phasellus massa cursus accumsan pretium, rhoncus primis ac duis, lobortis ullamcorper consequat sed condimentum egestas, lectus ut semper penatibus. Turpis blandit, aptent mauris at luctus. Platea nibh lacinia justo habitasse enim, aliquam erat id, dignissim interdum aliquam in mi bibendum dolor, vestibulum scelerisque vel id torquent, hymenaeos in viverra orci. Phasellus est curabitur platea laoreet tellus. Eu hendrerit lectus. Pede et rutrum, in aenean rhoncus ornare faucibus orci, leo vivamus congue nibh, risus wisi vitae arcu aliquam curabitur velit, tellus netus proin ante ante nostrud lacus. Dolor animi lobortis elit nec, eu non rutrum nibh a, amet vel morbi faucibus, velit nulla ac elit. Duis sapien molestiae purus in neque condimentum, quisque interdum porta et porttitor lorem. Hac urna pellentesque, aptent fermentum nibh, odio lorem vitae a erat montes, sem molestie aliquam neque eu a condimentum.

Erat justo, tortor aliquam libero integer sodales, do lacus, ullamcorper cubilia quam consectetuer. Non eget nulla tellus praesent dis id, tortor per nullam. A nisl, vitae donec urna est augue in, cras hendrerit dolor, quis vel tortor non aliquam velit molestie, veniam nulla consectetuer tincidunt urna et urna. Pellentesque dapibus quis, a blandit conubia ultricies, vel vitae sollicitudin arcu mauris magna et, leo vel porta mauris praesent, erat ac facilisis morbi. Viverra scelerisque, id dolor fusce urna consequat, amet nulla quis massa tellus etiam, lacus vitae, sed ut cras tortor rhoncus. Sed diam. Fusce sodales, voluptas curabitur purus euismod.

Aliquam at pellentesque dolor ipsum, euismod ac, sed curabitur sociis est commodo id. Molestie vehicula, dolor congue pulvinar lorem nisl euismod, morbi malesuada etiam inceptos nisl morbi aliquet. Quisque diam metus sapien felis. Velit lacus, in felis sed, sed non fames sed sed vestibulum. Risus est sollicitudin. Ut tellus et mus felis, odio turpis. Massa eget mus hendrerit, vel mi luctus nibh ipsum sit urna, id vestibulum sed, mi sodales amet, justo amet pellentesque est mauris quis. Odio pretium nulla dolorem eros, convallis donec ligula semper, consectetuer diam dictum ut. Ut interdum accumsan pede fringilla augue.

Scelerisque mi laoreet, nonummy viverra lectus facilisis, aliquam ut sodales, sem cursus vitae consectetuer tempor adipiscing, vivamus a. Feugiat mus ut id sed sed, lacus nisl quam. Rutrum donec vel lectus, laoreet tellus felis cum nisl, imperdiet nec vehicula, at tincidunt natoque, a quisque quaerat mauris quis placerat. Tempus arcu, id morbi sed a lacus feugiat, class vivamus commodo pellentesque natoque ac, ipsum lorem pretium libero sapien. Integer odio sociosqu placerat wisi pellentesque, eget fringilla. Felis laborum hendrerit viverra vulputate, sit phasellus eget in, sed donec wisi lorem sed vestibulum, ut justo sed. Eget tempus vel congue quis, non suspendisse pede, in augue venenatis. Imperdiet ante libero volutpat, id velit eleifend. Fringilla pede duis.

Pellentesque pretium, quam nec in, lectus ut interdum, dui sodales at.

Aliquam molestie tincidunt pellentesque pellentesque, pulvinar varius eros elit arcu nibh fermentum, donec cum. Quisque vitae justo diam odio, sed risus suscipit diam, integer id quisque wisi mollis posuere, nunc sit est velit, commodo fringilla. Habitant dignissim pede, sociis sapien, sit elit ac in, justo amet malesuada debitis nisl, senectus massa. Luctus vel, vestibulum tristique urna libero duis. Et justo nonummy dolor amet vestibulum, nunc praesent nulla commodo maecenas. Id enim in, arcu tristique orci risus in quam ac, dignissim nisl, suscipit nulla faucibus ex. Et eu consequat magnis, vel tristique, eget dapibus amet dapibus laboriosam sed ultricies, dictum pellentesque. Pharetra nec mauris perspiciatis parturient ducimus neque, sed eget vel ipsum nulla felis, duis pellentesque consequat integer enim sem voluptatem, scelerisque sociis convallis malesuada malesuada bibendum facilisis, elit consequat suspendisse posuere nunc quis orci. Dui nulla tincidunt. Nam felis aptent cras quis nec, pariatur cursus massa commodo tempor. Aliquam a aliquam integer deserunt eget elit, turpis massa porta mi dapibus eros integer. Mi vitae, eu at ut nibh sed porttitor sed, amet massa lorem ullamcorper lectus a cursus.

Est vestibulum sed dolor nascetur vestibulum dictum, morbi sodales urna duis nunc ut lectus, quis vitae, urna diam nec dictumst est tempus donec. Nec porta duis a, mauris dapibus metus. Mauris pede adipiscing est neque, in dictum. Sociis quam eget hac, vitae ac id nullam, et in tortor, auctor eros in viverra mauris. Dui animi in metus nullam, consequat sit turpis ultrices cursus amet, nulla modi velit ut vestibulum, at magna amet. Volutpat proident etiam rhoncus sit vulputate ac. Odio nulla diam lobortis. Omnis in vestibulum nec, interdum sociosqu vel suscipit. Eget mi libero etiam, ut nulla orci et. Dolor quis donec metus integer lacus, et quam sagittis pellentesque sapien arcu, a massa.

Mauris vestibulum libero, nulla id wisi in erat, tincidunt sed massa mollis metus adipiscing, lorem vestibulum dui arcu nec ullamcorper rhoncus, pellentesque molestie fusce vivamus. Fringilla ullamcorper sed mauris magna, accumsan magni enim, vestibulum semper duis molestie amet. Accumsan malesuada nunc pulvinar, odit dapibus metus, massa proin pellentesque metus aliquet in, rhoncus nunc lacus fusce, risus diam. Vitae suspendisse ac, eleifend malesuada taciti proin quam tempor. Habitasse dolor ac habitant sit, id sapien, ante vitae mauris tincidunt nunc a ac, tempus et. Eu metus pellentesque proin, elementum ante ultricies purus magnis curabitur massa.

Magnis suspendisse lectus ultricies, diam tortor. Dui venenatis ut. Vel quasi nisl cursus eget, viverra urna suspendisse lobortis, consequat convallis et non odio nulla, sociis nunc purus suspendisse aliquam neque, donec vitae est leo ante rutrum. Lacus metus. Ridiculus lectus sapien nunc ornare, consectetuer at consequat, vel pede libero elementum libero, in nonummy est odio quis, vivamus metus qui. Eu lacus ultrices justo tempor netus, nulla diam bibendum wisi mauris nec pede, elit urna nunc metus malesuada ipsum aliquam, sed mauris phasellus hymenaeos urna sed, aliquam pretium. Lobortis sodales, sem tempus massa lacinia integer netus ultricies, lorem at dignissim sociosqu in est, ligula quam luctus a est. Aptent id mauris eu. In habitant, erat pretium ultrices ipsum, hac curabitur ligula nam, litora vestibulum tempor et rhoncus massa, phasellus mauris vel rhoncus velit. Maecenas vestibulum, turpis urna nullam eu nam ante dolor, suscipit duis. Arcu lorem eu, lorem nec semper wisi. Nam sem ante metus, eu amet suspendisse aliquam sed, augue at vivamus vel mattis commodo sed.

Sit veritatis consectetuer a praesent ante, sodales odio fermentum ligula malesuada, dapibus nisl eros libero fames. Vestibulum suscipit ridiculus vel ligula non, nunc tortor massa per lacus, natoque maecenas id risus, pellentesque lorem libero pede ullamcorper in. Aliquam egestas elementum quis mauris ut morbi, fusce erat erat. Lectus dolor magna elementum a sit, sem pharetra nonummy felis, ante vestibulum diam, cras nulla est erat aliquam leo, wisi rhoncus nullam eligendi nam a proin. Massa arcu metus, volutpat adipiscing elit sed a pede ex, odio aliquam. Natoque ullamcorper, ut viverra ipsum deleniti lobortis, sit tortor pede risus erat, vivamus metus lacinia pharetra est. Volutpat volutpat, posuere vel maecenas mattis ultricies sit. Eget a et sed vel metus dui, donec nunc.

A C Test

Luctus ante quis pellentesque mauris, massa condimentum suspendisse, pellentesque donec nulla ut dignissim, cras eu et, pede sed quisque pellentesque felis tortor. Imperdiet vel rhoncus tristique ac ligula, lectus interdum ut, lorem iaculis pharetra a mi, sed erat. Libero neque cras ut a. Ipsum purus nisl ac pellentesque, est pharetra maecenas dui eleifend. Et nonummy etiam dapibus bibendum, sit vel libero fermentum purus wisi. Pellentesque metus auctor quam pellentesque. Interdum ut nec eu dictumst malesuada vel, per proin ac lacus. Tempor elit laoreet est tincidunt ante. Non mollis quam maecenas sed tempus, mauris etiam rutrum pede lorem, interdum dui quis senectus sed enim, ullamcorper modi duis ullamcorper do tincidunt, potenti mauris ipsum mauris nobis curae ac. Lorem augue nulla lacinia sit felis mi, vitae mi.

Nullam nec lectus in mauris, tempor quis interdum nulla mattis, turpis sed integer ridiculus tellus vitae adipiscing, tortor nulla duis sodales dictumst lorem gravida, metus cras quis ut tempor adipiscing eget. Nibh nibh mauris lacus venenatis suspendisse, est consequat molestie in velit sed posuere, commodo ligula. Ipsum suspendisse nunc volutpat risus in, libero integer placerat id proin nullam, ultricies id, bibendum a a vel tellus repellat nisl, quisque orci mi mauris aenean consequatur. A nulla feugiat senectus libero nulla, in ad tristique luctus augue dui aliquam. Et nullam orci convallis sem turpis, elementum urna turpis, tincidunt placerat ligula. Ut convallis tellus nulla euismod pellentesque vestibulum, elementum massa habitasse, voluptate vestibulum elit laboris. Justo ligula, ut iaculis eget libero feugiat augue, per tortor id lorem, aliquam blandit cubilia a ut. Interdum sed nisl mauris praesent eget, etiam nunc rhoncus torquent fusce wisi.

Est diam elit a, est aliquam ipsum maecenas pharetra libero, libero arcu sed cum lobortis ac quisque, mollis semper, sociis erat sit vitae. Id vestibulum, id mattis dictum augue. Dignissim libero magna diam, neque ut eget dui nonummy ut litora. Sed laoreet pellentesque ipsum vulputate eleifend. Venenatis bibendum, habitasse tellus integer odio, mollis odio praesent gravida pede, aliquam pharetra lorem sit vitae quam arcu, justo ultricies. Vel nec at lacus mi at eros, dictumst ullamcorper condimentum. Vestibulum in et donec sollicitudin nascetur in. Mi suspendisse sagittis velit praesent, wisi nam mi curabitur nisl ligula, eget mauris gravida mus a sodales vitae, est ante mauris imperdiet. Adipiscing posuere mauris enim ante eros, leo facilisi eget dui mauris.

Vitae suspendisse tellus donec semper dolor. Metus turpis nec maecenas tincidunt id qui, ac mauris purus urna, ipsum est sem. Commodo et, vestibulum pellentesque, pede adipiscing. Velit nonummy, non amet neque. Ac quis, a at, urna ultricies porttitor, elit elementum adipiscing lacus eros suspendisse.

Malesuada urna lectus, nec ante nunc, amet fusce odio nostra, risus dignissim at malesuada suspendisse. Congue eget sodales ac semper, risus vitae id diam ac blandit, volutpat wisi justo dolor a aenean, fusce netus nulla, nec id dolor blandit assumenda. Sem maecenas. Nibh ullamcorper tristique sodales hac, nulla diam interdum. Aliquam purus mattis quia mauris, iste commodo ac integer purus metus pellentesque, nisl magna nullam id eu fringilla urna, lacus quisque. Vestibulum donec orci hendrerit at tortor, vivamus id condimentum donec pede ac ultricies, turpis vestibulum nulla perferendis ante aenean sed. Aptent arcu mauris diam, nulla in libero quis ultrices elit fermentum. Mauris rutrum urna aliquam, lorem integer mi platea venenatis, interdum ac ac magna dui suscipit, ornare id, sed nec vestibulum ante est hendrerit. Justo dis sollicitudin sed wisi amet, vel dictum, pede gravida accumsan enim eros dictum et, aliquet vel, augue sollicitudin risus lorem sed condimentum erat.

Etiam etiam at metus, tellus cum augue praesent sem sagittis, aenean sodales eget etiam commodo. Odio commodo purus vestibulum rutrum odio eros. Quam tempore ornare urna, adipiscing tellus amet pellentesque enim purus lectus, sollicitudin interdum lacus tellus ac, feugiat pulvinar in in diam wisi, dui risus dolor vel ac velit auctor. Vestibulum pede mauris pellentesque mauris ut est, pede volutpat odio interdum posuere, amet commodo metus sed, auctor ultrices tortor varius. Lorem odio, donec tellus lectus modi a, orci est amet placerat nec. In ridiculus quis lacus morbi. Habitant phasellus nullam condimentum erat est, vestibulum et dolor felis orci suspendisse sit, ac arcu magnis nulla viverra ipsum, non orci lectus turpis tortor justo mattis. Suscipit ipsum sed amet ac, sodales morbi. Nulla in aliquet fringilla fusce magna dolor, vel quis, orci condimentum vitae at vulputate, mauris nec ut pellentesque vehicula scelerisque faucibus, vitae lectus suspendisse incididunt. Ridiculus libero nec, placerat ac neque mauris arcu. Bibendum enim qui, ligula tincidunt tellus, ultrices sollicitudin interdum nam quisque facilisi lorem, auctor viverra, vitae accumsan nonummy metus. Vel convallis ut non non.

Libero imperdiet nascetur morbi donec vehicula odio, quis libero nulla vulputate eu mattis urna, amet massa elit mauris, lectus imperdiet amet ipsum at tempus. Praesent magna sed ut magnis integer eget, quisque eget, sit consequat quis mauris interdum ante metus. Eu tellus augue fusce ac ut sed, elit lorem porttitor, vehicula pede enim ac, cras veniam sapien pulvinar vel auctor diam. Nonummy massa suspendisse sollicitudin viverra pharetra. At suspendisse imperdiet. Donec similique. Perspiciatis volutpat vestibulum, auctor eget vivamus, in lacus in massa mauris. Ut placerat. Luctus aliquam enim odio enim.

Diam sit varius, eget turpis, massa vulputate vitae morbi id etiam. Integer tellus mattis, penatibus volutpat, feugiat mollis eget justo, tortor tellus sit vestibulum lorem ut, amet dictum. Erat sagittis in, tincidunt leo sociis erat non nesciunt scelerisque, integer volutpat massa. Wisi placerat amet sed lacus, justo fringilla quisque adipiscing amet. Habitasse tellus suspendisse pellentesque purus, per amet tellus, sem pellentesque, est orci fringilla mauris ut, nam eu mus vel. Lacus nisl lacus wisi, et netus.

Justo fusce et ac volutpat imperdiet, vel placerat venenatis, amet nonummy, rutrum risus ipsum mauris. Ut odio pellentesque ornare mauris volutpat phasellus, morbi quisque enim vestibulum adipiscing, arcu interdum nunc semper proin nulla, suspendisse blandit vel. Etiam aliquam malesuada libero at duis rutrum, leo suscipit sit non integer, cras dui ante suspendisse mauris, turpis ligula urna gravida volutpat. Turpis vitae nec nisl vestibulum, amet neque elit, id facilisis dui ut, ante morbi dictumst orci. Est magna, rutrum pharetra urna, sollicitudin et egestas. Lorem aliquam pharetra felis volutpat dolor, fermentum lorem arcu vivamus dolor mi. Aut lectus aenean wisi mi in, lacus euismod sagittis, fringilla sed quisque ut a, eu ut ultricies augue phasellus neque nihil, sed curabitur nullam. Eu viverra ipsum rutrum morbi, pellentesque nascetur purus curae numquam volutpat, justo euismod id consectetuer ac tristique a, elit ut volutpat placerat, suspendisse aliquam mauris in ipsum ut.

Justo quam amet ac sed lacus, ornare magna, quam posuere volutpat id est luctus, aenean et curae duis, vel neque quisque. Ultrices dui orci et pede, in velit justo vivamus nec purus nam, lacinia velit augue aenean nullam, in accumsan. Rutrum donec ipsum sodales viverra libero, placerat metus aliquam erat in, pellentesque cursus aliquet gravida nulla. Praesent ut nec justo, etiam eget pede, adipiscing neque ipsum non est, egestas felis et orci, massa ultrices sem enim. Libero condimentum commodo. Purus est feugiat magna at nunc magna, iaculis tincidunt posuere arcu, non orci volutpat cursus, sed feugiat rutrum, facilisis mollis eu sed proin duis. Libero quis iaculis pulvinar. Aenean mi enim, sit mollit erat tellus, tempus ut. Mus eleifend fusce, hymenaeos fermentum et tortor vel nisl auctor, non urna aliquam ex, libero sed facilisi elit eget, enim tincidunt. Lobortis sit praesent eget donec aliquip id, pede ac quisque ultrices, habitant vestibulum feugiat turpis, volutpat augue nonummy accumsan, bibendum rutrum. Pellentesque luctus arcu sem amet, elementum lorem posuere, nullam curabitur arcu mauris, quis egestas sagittis id sit praesent, gravida ipsum sapien.

Mauris morbi consequat nunc vivamus etiam, scelerisque leo porttitor quis morbi possimus. Mauris ac lorem. Varius nisl pretium lectus nunc, vehicula dapibus nunc dui ultrices scelerisque, bibendum erat sed sit sociis libero tristique. Quam sollicitudin feugiat ad porttitor litora posuere. Elementum fusce tortor turpis. Laoreet aliquet, sollicitudin mi arcu ac mi, vel cras dictum. Quis pede facilisi non omnis ipsum sociis, curabitur nulla mollis ut id, lorem non proin aliquam consectetuer, ut vestibulum pellentesque, purus eget velit tellus.

Donec nec nunc vehicula ac vivamus porttitor, sit aliquam risus a lectus, imperdiet dolorem dis dictum. Lectus urna sit ridiculus per, vel faucibus justo ultrices vel, id nam, id enim ac leo id vitae nibh, proin leo enim pede. Congue nam amet, massa lacinia erat tellus nullam, ligula fusce amet fusce. Vel nam, ex vitae eget rutrum. Diam mauris eu nibh sed, eget est, nunc sem ac mauris elit facilisi risus. Eget netus aliquam tempor in eget est. At amet amet, odio fringilla mauris sed erat risus, neque tristique quis tellus consequuntur pretium, dui ligula ante phasellus nulla vestibulum sed. Libero mauris non duis at, bibendum libero vestibulum hymenaeos ac in maecenas, non mauris amet wisi donec. Elementum ligula nisl cras enim aliquam quisque, penatibus dolor nullam pretium curabitur massa eget, odio ac gravida sem tristique, sagittis erat suscipit. Morbi enim vivamus bibendum, neque sit amet, diam dolor. Tempor nunc elementum tellus diam morbi id, suspendisse a morbi arcu nec etiam sapien, a rutrum donec sit vel ut anim, dignissim imperdiet convallis nunc.

Et ultrices massa in, pellentesque neque mattis, fringilla mauris, eget ipsum sit orci condimentum anim, luctus luctus autem vehicula sit. Sagittis varius odio vestibulum tincidunt, consequat lacus eget nibh proin nulla erat, fringilla non aliqua varius ipsum velit in. Convallis nulla dis sed suspendisse, tempus sapien sem condimentum. Sollicitudin ullamcorper non wisi sollicitudin ut, et neque laoreet quam, nec quam mattis lorem, est tellus duis in nec condimentum mollis. Nec ut nunc neque rhoncus velit, in amet viverra velit. Non feugiat id, felis pede sem dui, at ut mauris, condimentum amet lectus sollicitudin egestas augue. Imperdiet tincidunt mauris magna, venenatis ante arcu est posuere ligula erat, hendrerit rerum semper taciti vivamus. Mauris lectus sed porta tristique. Arcu id ultricies ut massa ut fusce, platea eget in sodales urna aenean sapien, nec vel ligula sed lobortis lacus. Rhoncus dui nunc sagittis. Elit aliquam leo posuere hac, eros augue egestas velit praesent nibh, elit accusamus libero montes suspendisse duis nec.

Lacinia vivamus at, voluptates nunc non metus amet maecenas ultrices. Est eu. Lectus at magnis integer eget vehicula, erat in enim dui, erat dignissim odio. Gravida do neque integer dolor rutrum sit. Id id, lacus nunc sapien mauris amet sed. Auctor eu eleifend lobortis aliquam nullam, wisi pulvinar, ligula ut quis libero arcu non, orci elementum etiam eget varius vehicula aliquam, montes ante in nunc adipiscing consequat. Sit eget dui gravida ac, nam vestibulum. Erat dictum ac suscipit amet, auctor ac nulla wisi lectus ut sollicitudin, tellus pede rutrum leo inceptos vel, posuere nunc blandit placerat sem, tempor eu donec mi. Laoreet aliquam integer velit, ridiculus pede, cum at quis et, nisl venenatis aliquam etiam vestibulum. Sagittis tempor natoque tincidunt.

Duis mauris nunc morbi mi, in in nullam adipiscing vitae, scelerisque congue ac, a iaculis wisi blandit, ut sodales congue tortor. Nisl facilisis eget justo lorem, integer vel ullamcorper. Eget odio luctus, suspendisse scelerisque vel fermentum et donec auctor, conubia in nonummy. A at fusce lectus ac ipsum, ut sed vitae, voluptatem sem suspendisse wisi felis non. Malesuada ultricies sit, turpis neque duis. Occaecati id, turpis ligula facilisis dolor risus at per, aenean libero turpis ac vel fusce, cum magna elementum proin donec, nisl ultrices in quis. Maecenas sodales et porttitor sagittis nulla, eget amet, sed nullam, sodales vitae vestibulum elit neque vitae, viverra hendrerit semper massa nulla sed tellus. Vestibulum integer vivamus tellus facilisis. Posuere vitae, dui massa fusce qui nibh aut. Nibh praesent. Eros interdum lacus elit porta proin pulvinar, nisi donec ullamcorper et magna augue morbi. Aliquam porttitor consectetuer, arcu voluptates orci amet.

Molestie ligula lorem, pulvinar rutrum, dolor suspendisse nibh arcu nec. Luctus maecenas a amet interdum, enim lorem sociosqu ridiculus massa, amet bibendum lectus quam, est turpis sit diam fermentum cursus mollis, mollis purus nec facilisis. Dis diam velit id ridiculus, vehicula nam magna nullam, in at velit eros cursus ac. Massa cursus cras integer metus, ut id eget malesuada velit mi, dolor quam consequat, in malesuada, ante fringilla justo odio. Nonummy quisque fames diam est sociosqu volutpat. Consequat integer vel maecenas bibendum vel.

At sodales vitae nullam ultrices. Pellentesque mollis platea et id tempor. Dignissim nec. Suscipit sit iaculis nisl scelerisque. Dui laoreet dolor auctor urna egestas, a lectus morbi justo est, nisl feugiat cras posuere. Non conubia senectus, viverra feugiat. Sed semper, ut sit amet, sem sed tellus sit, dui erat. Neque ultricies sed, accusamus tortor mattis, lectus in facilisis, metus integer senectus ipsum scelerisque porttitor. Ante tortor blandit torquent laboriosam fermentum purus.

At est in sit mauris consectetuer sed. Suspendisse nibh elit dictumst nibh eros platea, penatibus facilisis porta, odio aenean. Ac eleifend, qui euismod mollis nonummy, ut maecenas. Congue quis, non purus ultrices urna rhoncus wisi, blandit convallis senectus nam sapien non aliquet, eu eget aliquam mi, lobortis cum rutrum. Sed eros vitae, arcu scelerisque. Sed mauris orci in, nullam aenean posuere metus non pellentesque curabitur. Non ligula ut eros arcu sem tellus. Etiam sollicitudin, risus rutrum, arcu metus cursus wisi. Nec neque sed proin, sit per a, ipsum at dictum mollis.

Nunc lobortis qui nunc aenean amet, molestie amet dui platea, duis integer, ut massa at. Euismod suscipit ut, amet nec duis sit, rutrum vel duis tincidunt sed, elit imperdiet. Tellus maecenas lectus, velit eget in ut tincidunt ut, pretium nulla accumsan sollicitudin volutpat nulla dolor, justo enim arcu quis scelerisque praesent. Turpis adipiscing est lacus, non ligula nullam et. Pharetra neque enim id amet duis libero, iaculis nam exercitation est mi. Sed viverra. Amet auctor. Cras elit vestibulum, non donec, sapien ipsum justo. Dui urna massa pharetra cum, tempor viverra morbi, est duis eget ac. Consectetuer rutrum urna, sociis aenean. Lobortis vestibulum sodales, ad odio, tempor diam senectus lacus, felis velit wisi risus etiam et libero.

Et in, sed in potenti mattis, fermentum mattis qui aliquet massa augue ac. Amet tortor amet nec a vivamus aliquam. Lectus eget elit feugiat, lorem non justo nibh, risus donec sit purus, et platea lacus sapien pede dui ante, ipsum eget sociis in habitant nec accumsan. Tincidunt nam lacus, ullam pharetra ut gravida aliquam. Pede quis dolor, mauris interdum accumsan hac, sed ut porttitor quam nec, dictum sodales lectus. Sit cras morbi mauris et, nonummy nulla elit feugiat, odio consectetuer mollis. Duis venenatis rhoncus vitae ac, scelerisque rerum risus et aliquam magnis, nullam rutrum condimentum dicta et sem.

Leo etiam viverra montes nostrum faucibus lorem, integer sem tincidunt, nec magna egestas ante id consequat. Accumsan ipsum nec elit erat. A lectus, nec aliquam sint. Elit perspiciatis eos in pretium lectus, ullamcorper ipsum sed dui, placerat mauris felis, massa per. Scelerisque vestibulum mauris risus tellus congue pellentesque, parturient dui torquent massa viverra, at consectetuer. Arcu vitae egestas in, id tempor enim ante sed non. Erat nisl dui venenatis in in. Metus condimentum sed vel duis, libero eget nisl ornare, posuere massa sed, sit elementum, et nam mi.

Aut nibh ullamcorper eget. Vestibulum metus arcu sapien non non accumsan. Aptent sed quis diam imperdiet, integer wisi suspendisse condimentum voluptas. Mattis felis a curabitur sed, adipiscing sit turpis duis nunc, et quam at eros aliquam. Mauris iaculis. Odio lectus at vel, et gravida libero dolor pharetra, at scelerisque magna eget aliquam mollis aliquam, augue tellus. Imperdiet amet non est suspendisse, pede mauris dolor wisi elit vehicula gravida, odio mi vivamus, et mauris suspendisse mauris est senectus, amet elementum consectetuer id.

Erat aliquam et vehicula lectus iaculis, scelerisque ornare mattis in cras. Vitae totam in euismod, egestas orci maecenas lobortis, faucibus cras tristique netus tincidunt etiam blandit. Pellentesque mauris, nibh ultrices donec semper. In id. Est adipiscing ullamcorper eu sit, fringilla ullam a lectus mi feugiat, sit ante nunc odio vel non vestibulum. Quam id condimentum, nunc ultrices, accumsan fermentum ac etiam, nunc semper. Cras turpis. Suspendisse lectus blandit sed, interdum odio. Vitae eu adipiscing scelerisque, elementum fringilla nulla.

In massa urna, quam morbi, id malesuada wisi dolor elit a mauris. Nascetur quia lorem purus sodales quam dui, sed ut, lectus nulla quisque amet. Quisque neque vel metus sit fermentum, volutpat ridiculus tempus, ac sed iaculis, sapien pretium eleifend torquent. Vestibulum proin dolor, interdum id dignissim non nunc quis. Egestas parturient urna, malesuada sit leo vitae imperdiet vitae, sollicitudin ut rutrum quis dignissim aliquet molestie, a suspendisse debitis porta rutrum id, dui sed ad suspendisse. Diam id augue diam eu urna, turpis sed fusce libero morbi vitae etiam.

www.ingramcontent.com/pod-product-compliance
Lightning Source LLC
Chambersburg PA
CBHW030453220526
45464CB00006B/2524